Ella, con encantos de

Sirena

Ella, con encantos de Sirena

Jairo Guerrero

Sirena es el dolor que disimulamos, la decepción que nos fragmenta por dentro, la ilusión de un nuevo amor y el encuentro con el amor propio; el renacer de un alma dolida, marchita. Un sinfín de momentos, luchas, lágrimas y risas, que, día a día, llevamos a cuestas. La revolución misma de la vida, las subidas y bajadas, las pérdidas y los encuentros que nos cambian para siempre.

Una mujer como tú, única, auténtica, rebelde, misteriosa, con un encanto y dulzura que es capaz de alumbrar todo a su paso. La que aprende a amarse por encima de los estereotipos y que reconstruye pedazo a pedazo el corazón que un día le dañaron, que sabe valorarse y llenarse, ella misma, del amor que merece.

La mirada perspicaz de Jairo nos atrapa, nos envuelve y nos guía a descubrir a esa Sirena de corazón tibio y frágil. Nos adentra en un océano de sentimientos, allí, donde vive ella, su musa, esa vulnerabilidad que habita en cada uno de nosotros. Nos deleita con una inteligencia emocional, capaz de dejarte sin palabras, porque las palabras sobran cuando los sentimientos son los que dominan.

A través de sus versos nos presenta a una soñadora irremediable, la mujer que es perfecta, incluso con sus miles de imperfecciones y cicatrices. Una mujer difícil de conquistar, y cómo no, si merece mucho más de lo que algunos le quieren ofrecer, esos que solo buscan llegar a ella y dañarla.

Nos muestra a la mujer como la guerrera incansable que es, que, a pesar de sus múltiples caídas, se levanta del piso y renace entre el más áspero desierto, convirtiéndose en la flor más bonita de todas.

Los encantos de Sirena van más allá de lo físico, de aquello visible. Es su alma pura, serena, pero llena de una fuerza única la que te enamora, la que te deslumbra, porque es capaz de arrancarse las penas, sacudirse el polvo y resurgir entre las cenizas.

Este libro está removiendo mis recuerdos, mis sentimientos y esa esperanza latente de hallar un amor puro y sincero. A través de la lectura me veo reflejada entre páginas, descubriendo un poco de mí, de mi vida, de mis sueños, mis luchas y anhelos. Haciéndome entender y recordar que, sin importar el daño causado, que siempre voy a poder reconstruirme y volver a sonreír.

Es un libro escrito de corazón a corazón. Desde lo profundo de Jairito, como le digo yo de forma cariñosa, para el corazón de cada uno de sus lectores; impregnado de amor, belleza, encanto y un poco de dolor, el cual es necesario para llevarnos a ese amor propio que todos debemos tener.

Ana Suárez
@simplemente.as
Barranquilla, Colombia
05 de Febrero del 2021

CAPÍTULO I
SIRENA MISTERIOSA

CICLOS

Sé que no podré
quitarte todas las tristezas
que llevas ahora…

…pero,
al menos me tendrás aquí,
para darte un poco de esperanza,
porque *todo es un ciclo*
y pronto
las cosas van a mejorar.

Tan bonita
que si la rompen,
se busca,
se encuentra
y se *a(r)ma* solita.

15

VALE LA PENA

Y qué importa si es un poco rara,
una niña tímida
o una loca atrevida,
una santa
o con oscuros pasados,
si en sus ojos observas el universo:

Vale la pena arriesgarse.

Así es como comienza su historia, Sirena era tan misteriosa que no me importaba arriesgar la vida entera para conocerla.

Un poco rara, porque no tenía los mismos gustos que la mayoría de las chicas que ya conocía, era distinta a los amores del ayer, eso me atrapó.

Una niña tímida que sonrojaba sus cachetes y sonreía cuando le decía "pequeña", una loca atrevida que hacía lo imposible por verme, aunque solo fueran un par de minutos ella lo intentaba todo. Una santa que, aunque me llegaran mil rumores, palabras que solo buscaban lastimarme, yo llevaba siempre presente su confianza.

No era lo mismo hablar a sus espaldas que descubrir sus sentimientos, el latido de su corazón, la delicadeza en sus palabras, la sinceridad en su mirada. Y, aun así, si llegara a saber que arrastraba mil pecados en su pasado no me importaría, porque yo veía el universo en sus ojos, todas y cada una de mis constelaciones favoritas. Un futuro, mil aventuras, una vida que apenas comenzaba.

Y si me preguntan...

Sí, valió la pena arriesgarse.

LOCA

Así es ella,
y no hace falta entender su *locura,*
solo basta con quererla...

Tal y como es.

Si se preguntan: ¿Cómo era ella?, puedo decirles que llevaba mil cosas que la atormentaban a diario: sus recuerdos y las heridas que todavía no sanaban. Observaba un trozo inmenso de tristeza en sus pupilas, había perdido a personas importantes en su vida, lloraba por las noches, pero sonreía durante el día.

Iba por el pueblo repartiendo felicidad con sus alocadas carcajadas. La consideraba el reflejo de mi felicidad, aunque cuando se observaba al espejo ella pensaba en lo contrario, no estaba feliz con su cuerpo, con sus decisiones, con lo que soñaba o pensaba. No le importaba la opinión de los demás, se atormentaba sola, con sus demonios que todavía no dominaba.

Traté de curarla, mis fantasmas atravesaron su alma, no huyeron, amaron cada desastre que albergaba en su interior. Y yo que pensé que eso los espantaría, que regresarían sin siquiera intentar explorarla, pero no, todos se quedaron y a sus escombros convirtieron en hogar.

Y es que no hacía falta comprenderla o entender su *locura*, con quererla y brindarle el cariño que merecía, con eso bastaba.

UN NUEVO COMIENZO

Ella decidió dejar atrás sus penas
y empezar su vida desde cero,
aprendió a dejar ir el pasado
y se enfocó en una sola misión:

Ser feliz nuevamente.

Sirena estaba cansada de las decepciones, y, aunque su vida apenas comenzaba, ya arrastraba varios fracasos que no la hacían sentirse segura.

Mira que dejar ir el pasado y empezar de nuevo ha sido una de sus mejores decisiones; la música antigua le acompañaba a cada lugar que ella visitaba, su remera estampada y en sus brazos esa mochila que tanto me encantaba. Sonreía, sin importarle ya nada. La misión era simple, pasar ratos con los amigos, la naturaleza, los atardeceres, las tocadas en el parque.

No pedía mucho, tan solo dejar de pensar, alegrarse con ver un acto de humanidad, acariciar a los perritos que paseaban con hambre y miedo por las calles, darle una moneda al indigente que con una taza suplicaba sentado en la banqueta.

Ya comenzaba a ver todo de manera diferente, su corazón se llenaba de bondad, la niña mágica se estaba forjando. Con el tiempo comenzaba a darse cuenta que merecía ser feliz y que *no dependía de nada ni nadie* para conseguirlo, solo de ella y de sus buenas acciones que al mundo podría brindarle.

ARTE

Pueden pintar tus ojos cafés,
azules o verdes.
Pueden crear música con tus curvas
o tus kilitos de más.
Hasta pueden escribir poesía
con tus peores facetas...

Porque para quien sabe apreciarte
siempre serás *arte*.

Intenté pintarla en un cuadro para inmortalizar cada parte de su ser. No sabía de qué color pintar sus ojos, eran cafés, de ese café que te quita el sueño, pero reflejaban océanos enteros.

El cielo en esa mirada que pensé en el azul, después visualicé los árboles, pastizales, las hojas que me hacían recordarla, respirar el aire fresco del pueblo en aquella esquina donde la conocí, el verde que tanto le encantaba también encajaba.

Había creado las más románticas baladas al trazar cada curva de infarto, en esos kilitos de más donde ella se apenaba, eran notas que me hacían ir más allá de una simple melodía, era poesía, cada estrofa en sus hermosas y peores facetas.

Yo no era tan apasionado al arte hasta que la vi, podría jurar que era la escultura que mil dioses intentaron tallar, pero la perfección de su piel y rostro no podía ser traspasada en una simple estatua de mármol.

Iba más allá de lo pensado, que ni las pinturas de Van Gogh eran suficientes para explicar el misticismo que generaban sus palabras, en su forma de pensar, de opinar, de gritar, de reír o inclusive de llorar.

Estaba dispuesto a explorar cada lunar que habitaba en su cuerpo, apreciar su interior en cada parte, pues *ella era la más grande obra de arte.*

SIMPLEMENTE ELLA

Con una sonrisa
que va desde una comilla hasta la otra,
deslumbrando con su brillo
cada sitio que se encuentra en oscuridad,
adornando sus rojas mejillas.

Ella no busca imitar a nadie,
es tan exclusiva como excepcional,
tímida y pensativa,
simpática y atrevida...

Simplemente ella.

UN RATO A SOLAS

Está bien llorar un rato a solas en la habitación,
desahogando todas esas penas que aún llevas.

El arrepentimiento que recorre por las venas,
la tristeza que se siente en el viento,
las lágrimas que se logran diferenciar
incluso estando en la regadera
fingiendo que todo está bien.

Porque no es necesario tener
siempre palabras de consuelo,
la misma rutina
de que todo pasa con el tiempo.

A veces simplemente se necesita
de un rato donde puedas gritar
en silencio o mordiendo las cobijas
para que nadie pueda escuchar,
para sacar lo que se lleva dentro,
después secarse el rostro...

Y volver a empezar.

FORTALEZA

Sé que te han lastimado tanto
que hay días en que despiertas triste,
rota y sin ganas de nada.

Pero niña,
ocupa ese dolor para volverte fuerte
y comenzar a quererte.

Esa fuerza va a reparar tu mente
y tu mente sanará al corazón.

A temprana edad Sirena ya llevaba marcas de una guerra que parecía no tener final. Había noches de insomnio, en una cama llena de espinas, desvelos que no podía controlar, charlas interminables con la almohada, su única compañía. Las lágrimas rodaban y acariciaban sus mejillas, la curva de su boca se invertía llenándose de tristezas que a veces eran hasta incontrolables.

El dolor llegaba a ser tan fuerte que también aprendió a ver el lado positivo, ocupando todas esas ansias para volverse más fuerte, más valiente, más intrépida, más sincera y atrevida. Tanto que ya gritaba sin callar, se expresaba sin controlarse, abrazaba cada pedacito roto para pegarlos, unirlos con una dosis de amor propio.

Ya estaba queriéndose, cada vez un poco más, *esa fuerza que generaba reparaba a su mente* y entre tantos pensamientos la mente lograba controlar y sanar a un corazón herido, que ya renacía de entre los escombros.

AUTÉNTICA

Lo sé,
no te sientes perfecta,
pero tienes algo que te hace mejor:

¡Eres auténtica!

Y eso basta para sentirse única.

Ella me contaba que había partes de su cuerpo que odiaba y por más que yo le decía y repetía que para mí era más que perfecta, insistía en que no era así.

Las llantitas que salían, los granitos que llevaba en la cara e intentaba ocultar con maquillaje, las ojeras que arruinaban su mirada, el cabello que no se arreglaba. Parecía que nunca iba a lograr aceptarse tal y como era.

Aunque el hecho de saber que tendría que lidiar con ese problema cada vez que se mirase al espejo era una pérdida de tiempo, un descuido a todo aquello que ya se había prometido, cuando el amarse era su mayor prioridad.

Jamás cambió su postura de no ser perfecta, pero logró sentirse única, al darse cuenta que *todo en ella era auténtico*, en la sinceridad de sus palabras, su sonrisa tan original, las locuras que solo ella podía causar, los encantos y misterios que poseía, en sus gustos musicales, su comida preferida, en su color favorito y en su forma de ver las cosas.

Ya no podía juzgarse, tan auténtica que, hasta ahora, no he logrado encontrar a otra como ella y quizá...

Nunca lo consiga.

NUNCA A MEDIAS

Eres demasiado
como para aceptar
un cariño a medias…

Nunca debes permitir
ser segunda opción,
o te quieren *bien*
o te dejan ser *libre*.

Y si alguna vez piensas darle la oportunidad a una persona que no te demuestra del todo que te quiere, espero puedas pensar dos veces antes de hacerlo, porque te apuesto a que vas a darte cuenta que eres demasiado para él.

No mereces un cariño a medias, no mereces desconfianza, reclamos, explicaciones, falsas promesas o ser la segunda opción después de no haberlo logrado con alguien más. Es que vas a darte cuenta niña, que esos amores a medias nunca traen nada bueno.

Porque las decepciones pueden volver y no solo eso, vendrá acompañado de muchas dudas, llantos y muchas preguntas a las que no le vas a encontrar nunca una respuesta.

Lo que mereces es que te quieran bien, que la calma abunde entre los dos, que haya más besos y pasiones que discusiones, que puedan traer paz, estabilidad, toneladas de emociones positivas, y si no es así, entonces que den media vuelta y se vayan por donde vinieron, que te dejen ser libre para que sigas en el vuelo en busca de un amor sincero.

SIEMPRE LIBRE

Ama,
vive,
disfruta,
sé feliz,
eres libre de ser quien eres
y cuando no te sientas libre:

¡Escapa, vete!

Nadie tiene derecho a robar tu libertad.

Sí, está bien que seas una mujer independiente o que te enamores de unos brazos que te hacen sentir en casa. Ese es tu derecho: amar, vivir, disfrutar, sobre todo ser feliz estando sola o acompañada, porque eres libre de ser quien eres.

Así, con esas acciones que te caracterizan, con esa sonrisa y tus ojitos rasgados, corriendo por todos lados, sin sentirse atada a nada ni a nadie. Paseando por las calles de cada ciudad, admirando los paisajes, los edificios, los monumentos, visitando museos, capturando selfies con aquellos personajes que tanto admiras, que dieron su vida para que tú, niña, puedas sentir esa libertad.

Así que, donde estés y con quien estés, si no te sientes libre *tienes que escapar e irte de inmediato*, porque nadie tiene el derecho de robarte, de encerrarte en una jaula y tirar la llave al abismo.

Mereces siempre extender tus alas, volar alto, más alto que el cielo, porque mi poesía te ha elevado hasta el infinito y ese es el único lugar donde perteneces, hasta arriba, por encima de todo.

NO JUZGUES SUS ERRORES

No sabes cuánto le ha costado
sentirse tranquila
con ella misma:

Tantas guerras y lágrimas,
tantas noches y decepciones,
no está del todo bien todavía,
pero ahí sigue…

tan valiente y sin rendirse.

AQUEL LUGAR TAN ESPECIAL

Todavía lo recuerdo como si fuera ayer,
como si nunca hubieran pasado 1,500 días
desde esa tarde en aquel lugar tan especial.
Yo sin sentir nada al esperarle
y ella tan emocionada al verme.

Qué irónicas son las vueltas del destino,
cuando esa sensación de cosquilleo
estremeció mi alma al verla frente a nosotros,
yo y mi mejor amigo de cuatro patas.

Lo acariciaba mientras con un saludo
con la pata arriba, él le respondía.
Desde ahí sentí que llevaban una conexión,
que sería siempre ella al lado de nosotros dos.

Y que si uno partía todo sería melancolía,
tiempo después de la calma,
la felicidad, el desastre y las ganas de escapar,
mi compañero partía y ella a lo lejos se despedía.

Ahí lo supe,
habíamos perdido.
Yo sin ellos,
ella sin nosotros,
todo se vino abajo
y desde entonces
yo solo quiero regresar
a aquel lugar tan especial.

FELICES POR SIEMPRE

Ella esconde muchos cuentos
detrás de su hermosa sonrisa
que no han terminado con un final feliz,
pero no pierde la esperanza
de algún día encontrar su propia historia...

y vivir *felices por siempre.*

Como un cuento de princesas, elfos, ogros, demonios, caballeros y una época medieval, Sirena trae consigo muchos cuentos sin un final feliz, detrás de una hermosa sonrisa que parecía no tener ninguna cicatriz.

Ya se había enfrentado a varios enemigos que intentaron destruirla, a veces sola y un par de veces acompañada, podía darle batalla a todo mal que se le pusiera enfrente intentando frenarla. Su castillo se armaba de un cariño que por ella misma sentía, sus barreras estaban construidas de lágrimas derramadas durante el enfrentamiento.

Una espada forjada de sus propias esperanzas por cambiarse de historia y llegar a una de aquellas que, a pesar de las circunstancias, siempre terminan con un final feliz, con un felices por siempre, estando con esa persona que realmente valore cada acción, detalle, palabra, caricia, su presencia...

Un príncipe que sea también su espejo mágico, que pueda repetirle lo linda que se ve cada mañana al despertar y antes de irse a dormir, tener una mano extra que fuera capaz de sostenerla, *eternamente*.

SIN MIEDO A NADA

Qué maniática eres
y tu segundo nombre es desastre.

No temas a vivir a tu manera,
sin reglas,
ni barreras,
porque los huracanes también forjan
y el dolor te hace cada *vez más fuerte.*

Sirena iba por la vida sin miedo a nada, tan maniática que no veía lo actual como algo especial, no le agradaba la música que para el mundo era lo más popular, no degustaba de la comida que se inventaba por estos tiempos, mucho menos era fan de la tecnología.

Es que a ella le encantaba más el amor a la antigua, un café con una buena charla, una caminata por los cerros, la rareza que había en las personas, en los animales, en cada ser que ella conocía.

Su segundo nombre: "desastre", que hacía referencia al inmenso desorden que causaba al quedarse marcada en un alma, sin temor a ser tal y como era, sin imitaciones o falsas promesas, todo lo que ella decía de alguna u otra manera siempre lo cumplía.

No existía barrera que pudiera detenerla, sin reglas, podía hacer y deshacer sin que nadie le dijera algo, era libre, que sabía que los huracanes por más daño que causen, también forjan, enseñan, se aprende *y te hacen más fuerte.*

DIABLA Y ÁNGEL

Ella es una mezcla
entre **diabla y ángel**
y quien la quiera de verdad
la aceptará así...

con todo y su pasado.

Ella no era ni muy diabla, ni muy santa. Sí, había cometido ya muchos pecados, hubo etapas donde su rebeldía se había desatado a tales extremos que ya no le importaba lo que dijeran o hablaran de ella.

Visitando cada bar del pueblo, sentada en la barra sin tener a nadie de compañía, rechazando a todo aquel que se acercara para ligar, pero haciendo amistad con aquellos que junto a ella bromeaban.

No discriminaba, solo disfrutaba.

Tan pecadora que me encantaba y tan ángel por ratos, con su carita de niña buena, sincera y bondadosa, pero también sufría cuando caía en nostalgias y recuerdos. Se volvía frágil, extremadamente sentimental, cuando antes de ir a dormir lloraba un poco, después limpiaba las lágrimas y se quería más que nunca.

Buscaba sentirse tranquila, con la esperanza de que en algún momento llegaría alguien capaz de aceptarla así, con todo y su pasado.

41

CORAZÓN DE HIELO

Todos huyen de ella,
dicen que su *corazón es de hielo*,
pero en realidad solo está asustada
con miedo a que la vuelvan a lastimar.

Y ojalá algún día
llegue esa persona
que logre recuperar su sonrisa
y sus ganas de volverse a enamorar.

Proyectando una película de romance y ciencia ficción, todos *creían que ella poseía un corazón de hielo*, de esos que ni con toda la lava de un volcán activo se podía derretir.

Pensaban que no sentía, que no lloraba, que no reía, que no gritaba o expresaba sus emociones, que su mirada seria y sus labios rojos solo eran maquinados por un cerebro que no contenía sentimientos. Pero en realidad, ella solo estaba asustada, no quería que todos los fantasmas de aquel mal amor volvieran para atormentarla.

Temía con gran pavor a ser lastimada, a romperse en cientos de miles de pedacitos y que esta vez ya no hallara manera de repararse y se quedaría rota por siempre.

Ojalá algún día niña, lo que duele por fin se esfume, que llegue esa persona que recupere tu sonrisa y esas ganas inmensas de volverte a enamorar.

COMO SI NADA DOLIERA

La chica que grita
en silencio,
que ahoga a sus penas
y llora un poco
antes de ir a dormir.

La misma que al amanecer
vuelve a sonreír…

…como si ya nada doliera.

RECUERDOS

Como la canción romántica
que no dejaba de escuchar,
que juntos cantamos una madrugada
antes del amanecer.

Una infinidad de colores que se atraviesan
siempre que cierro los ojos,
como ese café que nos sorprendió
mientras reíamos sin parar.

Recuerdo que estaba amargo,
pero a su lado todo era dulzura,
los hoyuelos en los extremos de su rostro
y por debajo de sus labios.

Sus encantos mataban a cada demonio
del pasado que apenas unas horas antes
me atormentaban, se adueñaba de todo
conquistando cada rincón de mi ser.

Los paseos para admirar la intensidad del sol,
los ratos en aquel callejón,
observando el universo que habita en sus pupilas
y a veces volteando al cielo
para pedirle a la estrella más brillante
poder estar a su lado para siempre.

Recuerdos que se quedaron,
que no se van, que siempre prevalecerán.

CERO DUDAS

Mereces a alguien que te presuma,
que te lleve de la mano,
que te quiera así…

Con todos tus monstruos.

Alguien que se emocione al verte
y *sin dudas* para enamorarse.

Mereces a esa persona que no tenga ninguna excusa para poder estar contigo cuando más lo necesites, que pueda presumirte con todos sus amigos, tomados de la mano por el centro comercial, el parque, en el cine, hasta en el transporte si así lo quiere.

Porque debe de quererte completita, sin reprochar nada de lo que ya viviste antes, que pueda bendecir y convertir en inolvidables esos lugares donde ya se hayan besado, donde pasaron momentos que con nadie más podrán igualar.

Una persona que se coloque la armadura de caballero y pueda vencer a cada uno de los monstruos que te atormentan a diario, espantar a tus penas y traer de vuelta a esas mariposas que causan cosquillas en el estómago.

Que sea alguien a tu medida, que cuando te vea se emocione de una manera en que solo quiera abrazarte, pero lo más importante:

Es que tenga *cero dudas para volver a enamorarse.*

FELIZ EN MEDIO DEL CAOS

Quiérete mucho,
si no lo haces tú
nadie más lo hará.

Te juro que sí puedes ser *feliz*
con tu propio desastre.

Quiero que sepas que tu estabilidad mental es muy importante para aprender a quererse, dejar de pensar en todo aquello que te hace mal es el primer paso para sanar.

Porque necesitas ver más allá de un solo individuo, la felicidad no depende de nadie, niña, aunque no puedas tener a la persona que amas, puedes ver más allá.

Tienes a una familia que te quiere sobre todas las cosas, que te aseguro así falles mil veces, nunca van a abandonarte. Unos padres que darían la vida por ti, hermanos que te darán una mano siempre que lo necesites, amigos que estarán contigo en las buenas, malas y peores.

No estás sola, pero tampoco van a quererte tanto como tú misma puedes hacerlo. El amor propio no tiene límites, nadie más va a sacarte de esa soledad, excepto las ganas inmensas que ganes al saber que tienes todo para volver a vivir.

Porque te aseguro que sí puedes ser *feliz en medio del caos*, con tu propio desastre.

SÁBADO

Ya no hay fiestas
en noches de *sábado,*
ella prefiere quedarse en casa
para unir sus pedacitos
y volver a reconstruirse.

Hubo una etapa donde Sirena se sentía cómoda estando en casa, las salidas con los amigos ya no estaban en las noches de *sábado*, las fiestas se habían perdido. Había comprendido que no era necesario embriagarse hasta el amanecer para poder curar sus heridas, porque realmente lo único que hacía era volver a abrirlas.

Esas noches se volvían como un disparo al corazón, entre tanto alcohol su mente la vencía con una mala jugada y todos los recuerdos explotaban, lloraba, sus lágrimas inconsolables, que ni otros besos u otro cuerpo podían calmar.

Despertar en camas distintas cada fin de semana se tornaba cada vez más oscuro, pues la soledad le seguía acompañando a donde quiera que fuese. Es que realmente la tranquilidad nunca iba a encontrarla en esos lugares en donde volvía a coincidirlo, cuando todos hablaban de su mal de amores.

Fue un gran alivio volver a estar en su propia recamara, abrazándose, uniendo cada pedacito para reconstruirse.

DOMINGO

Ella aprendió a quererse sola,
un *domingo* por la tarde
cuando no extrañó a nadie...

Y desde aquel día
no hubo quien frenara su vuelo.

Lo más lindo de olvidar y salir de la rutina es que llega una tarde cuando menos lo esperas, en donde te encuentras en cama, viendo series, comiendo frituras, dulces y gomitas, consintiéndote porque ya lo merecías.

Un domingo cuando aprendes a quererte solita, en ese momento cuando sabes que eres feliz así, sin que te importen tus kilitos de más o lo despeinada que te ves. Cuando no hace falta pintarse los labios o las uñas, cuando en pijama te sientes la mujer con más autoestima que pudiese existir. Cuando te miras al espejo y sonríes de lo linda que estás sin maquillaje. Cuando pasas horas y horas tomándote fotos, con tus mejores atuendos o con esa lencería que te hace ver sexy y hermosa.

Cuando por fin, después de muchas batallas con tu propio interior llegas a respirar profundo y a gritarle al mundo que ya no extrañas a nadie, que es momento de volver a emprender el vuelo y que nadie vuelva a frenarlo, para que nadie te detenga y puedas luchar por conseguir todos y cada uno de tus sueños.

MELANCOLÍA

No es que esté triste y cansada
de la vida,
es solo que a veces
le da por extrañar a la niña
que era antes,
lo feliz que corría por el barrio
y las risas con los amigos.

Hay días en que la *melancolía*
se vuelve su mejor compañía.

FIN DE SEMANA

Y entonces llega ese fin de semana
cuando ya solo quieres salir
y divertirte estando a solas,
ir a la cafetería por ese capuchino
que tanto te encanta
y sin ninguna compañía.

Pasear por el parque
sin ningún propósito,
limpiando la casa para tu propia comodidad,
lavando la ropa con las mejores canciones
que te hacen cantar y saltar,
leer ese libro que te hace llorar con su final,
aventarte un maratón con esa serie que te atrapó
o simplemente sentarte en el patio
con un cigarrillo y una cerveza
que puedan traerte tranquilidad.

Un fin de semana
donde sabes que lo más importante...

Eres tú.

SONRÍE

Y que nada te detenga niña…

Las heridas con el tiempo se curan,
los amores dejan de doler,
el arcoíris vuelve a salir.

Sonríe y ve a cumplir tus sueños
porque la vida siempre continúa.

Quiero que sonrías, bonita. Que nada ni nadie sea capaz de frenarte, porque así experimentes muchas decepciones con el tiempo te has dado cuenta que se curan, que vas a tener muchas tardes de tristezas, noches donde las lágrimas se van a apoderar de tu sueño, que vas a jurar no volver a enamorarte, pero que al final el arcoíris volverá a salir y todos esos amores dejarán de doler.

Porque después de haber vivido, también lo has aprendido, te has ganado mucha experiencia que en un futuro podrás aprovechar y aplicar para que no vuelvan a lastimarte.

Por ahora puedo decirte que te enfoques en tus sueños, en tus metas, en esas promesas que le hiciste a tus padres, que estoy seguro vas a cumplir. Terminarás esa carrera que tanto esfuerzo te está costando, vas a conseguir un trabajo estable, una economía que te ayude para apoyarte y ayudar a la familia, una mentalidad de alguien que ha madurado, que entiende que, a pesar de las tristezas y el desamor, la vida siempre continúa.

MILLONARIO DE AMOR

A veces se necesitan de esos abrazos
que te rompen hasta los miedos
y de esos besos que curan el alma rota.

Qué importan los lujos
y las riquezas
si *paz* es lo que ahora se necesita.

Ella era tan diferente al resto: No buscaba lujos ni riquezas, Sirena tenía la idea de encontrar a un millonario de amor que pudiera ofrecerle los más bellos atardeceres, junto con un millón de abrazos de por medio, que lograran romper hasta sus miedos, besos que puedan curar su alma rota, sin importar si al final del día no tuvieran siquiera para la renta del hogar o para irse de vacaciones.

Ella sabía que con el poco dinero que hubiese en el cajón, era suficiente. Porque la dicha de tener(se) y amar(se) era la mayor fortuna. Esa paz que se necesita, esa tranquilidad de saber que podía ser "para siempre".

Lo que ahora tanto hace falta, un cariño sincero que le sobren más caricias que excusas, que pueda amarte con delicadeza y a la antigua, que sin tener mucho te ofrezca todo, que esos pequeños detalles puedan tener más valor que cualquier diamante, un alma *que pueda experimentar* el mismo sentimiento que llevas dentro.

APASIONADA

Ella es de esas chicas
apasionadas,
que dedican canciones
y escriben cartas.

Que se esfuerzan
y lo entregan todo.

Que pese a las traiciones
ahí sigue,
esperando a su persona correcta.

REENCUENTRO

Ojalá en algún momento de tu vida
puedas darte cuenta
que pudimos ser más felices
de lo que somos ahora,
estando juntos
y no con esta maldita distancia.

Y no sé si tus ojitos **_griten un reencuentro_**,
porque desde que me di cuenta
que lo tenía todo a tu lado
no he dejado de imaginar un futuro
donde te vuelta a enamorar,
donde volvamos a ser nosotros,
donde pueda leerte y recitar
todos los poemas que escribí para ti.

Donde no existan kilómetros
o impedimento como en el pasado,
que hasta el amor esté celoso
de todo lo que podamos construir.
Y que al fin,
todas esas preguntas
del porqué no estás aquí,
puedan encontrar su respuesta.

CONFESIÓN

Sé que te mueres
por regresar el tiempo
y volver a empezar.

No te miento,
lo confieso…

Yo estoy igual.

SIRENA MISTERIOSA

"Ella era tan misteriosa", como aquel regalo que con tantas ansias quieres abrir para ver su contenido, como esa fecha que esperaste durante todo un año o al llegar al fin el día de la graduación.

Así como esa final en Lisboa que tardó meses para jugarse, esa emoción de sentir tu primer beso, el primer sentimiento o la primera caricia. Esa duda de saber si el examen fue contestado correctamente, junto con ese problema de matemáticas que ya no viste si tenía alguna comprobación.

Si la lluvia llegará en tiempos de sequía o si la monotonía acabará con ese ligue que conociste en redes sociales. Como ese misterio de saber si hay vida más allá de las estrellas, entre las constelaciones o por algún planeta lejano ubicado en las fronteras de Andrómeda.

Así como saber la continuación de ese cover de tu banda favorita, la satisfacción al llegar el día del lanzamiento y escuchar la letra completa o el placer de poder dormir después de muchas noches de insomnio con la duda de qué vas a soñar esta vez.

Así de misteriosa,

   así es ella

      y empiezas a conocerla.

CAPÍTULO II
SIRENA SOÑADORA

TU SONRISA

Me gusta cuando **sonríes,**
me hace recordar
lo lindo que es la vida…

Y lo bonito que es
el haberte conocido.

PERFECTA

Amaba cada cicatriz
y cada imperfección en su cuerpo,
incluso los que ella odiaba...

En mis ojos siempre se veía *perfecta*.

Ahora que conoces las fortalezas, miedos, bondades y cada una de las perfectas imperfecciones de Sirena, puedo decirte que no siempre fui yo el único que la admiraba, pero al menos sí, el único que veía la perfección en ella.

Porque puedo jurarles que realmente amaba cada cicatriz en su cuerpo, los raspones que se hizo en la rodilla cuando de niña corría por los alrededores de su casa, los moretones que se hacía por golpearse en las sillas del colegio, la marca de ese rasguño en el lado izquierdo de su nariz, la mancha de nacimiento que adornaba su perfecta cintura, pese a que ella insistía en que llevaba kilitos de más, yo veía la curva más precisa que entre mis brazos soñaba con abrazar.

Esa sonrisa en proceso que estaba por arreglar, ese rostro con un par de barritos que se asomaban por su bella frente, las ojeras que se colaban entre sus ojitos rasgados, las cortas pero infinitas pestañas que veía cuando agachaba la mirada, su risa tan loca que hasta la otra cuadra se hacía escuchar.

Cada imperfección que ella necesitaba cambiar, yo lo veía como el más valioso tesoro que siempre quería conservar. Incluso aquellos que ella odiaba, en mis ojos, en mi mente, en mi corazón…

Ella era más que perfecta.

PASADO

Me encanta tu *pasado,*
me hace recordar lo fuerte
que eres y las guerras
que has soportado.

Antes de que ella volviera a sentir los cosquilleos y las mariposas que causa el amor, debo hacer una pausa para volver atrás, muy atrás. Al pasado, donde Sirena atravesó por guerras que la hicieron forjar de una manera tan madura para que en el presente lograra controlar esa emoción de volverse a enamorar.

Y es que soportó tanto, que podría empezar con ese capítulo doloroso donde perdía a su mayor emoción al llegar a casa después de un día cansado, al ver a su mejor amigo, una mascota de cuatro patas saltar y correr por los corredores de la casa, dormir a su lado y que de pronto todo se le haya esfumado, más rápido que el propio viento.

O las veces en las que entregó todo por intentar enamorar al chico que le atraía, ¡vaya tipo!, la suerte que tenía y dejó ir, pero sus razones tendría, lo que yo daría por haber estado en su lugar. Los capítulos donde ella decía sentirse apenada o los días donde pasó sus mayores vergüenzas.

Creo que todo tenía un propósito, forjarla y convertirla en una persona *sumamente fuerte de mente y corazón* para que ya nada le pudiera importar, ahora puedo decirles que me encanta la manera en cómo logró superar todo, para la batalla poder ganar.

MÁGICA

En su sonrisa fingida
y su mirada perdida,
en sus miedos y su locura,
en sus cicatrices y heridas.

Porque a pesar
de estar tan destrozada,
en ella encontré la *magia.*

Ella era la hechicera que cargaba entre sus encantos los polvos mágicos para que cualquier sujeto quedara atrapado en su inmensa belleza.

Había algo en especial, en esa sonrisa que fingía sin saber lo que escondía detrás, en su mirada tan perdida como si hubiera viajado a otra dimensión de espacio tiempo, sus pupilas tan contraídas que incluso el universo se podía observar.

En esos miedos que la perseguían en cada instante recordándole el temor que un amor le podía ocasionar, sus secretos que el mundo entero moría porque alguna vez se pudieran revelar, las locuras que a través de su vida ha logrado experimentar, esa sensación de adrenalina al cometer una atrocidad, en esas cicatrices que no puede borrar o en las heridas que todavía no logra sanar.

La fórmula secreta para que las cosas vuelvan a la normalidad, que sus cinco sentidos se vuelvan a activar, aunque no siempre estar bien era necesario, porque a pesar de estar tan destrozada...

En ella habitaba la magia.

CONQUISTA

Si intentas conquistarla
no pretendas destruirla.

Debes darle todo el cariño
que se merece,
porque no sabes cuánto ha sufrido.

Debes ser *diferente al resto,*
a quienes solo la lastimaron.

Con el tiempo Sirena comenzaba a olvidar los malos ratos que atravesó en el pasado, llegaron nuevas personas a su vida para demostrarle que, a pesar de las caídas, todavía era posible volver a tomar una mano y levantarse.

Ella amaba la dedicación que le ofrecían, el tiempo con el que podías crearle sonrisas con tonterías, las ganas con las que demostrabas el interés que ella necesitaba, le regalaban nuevas esperanzas.

Como una estrella bajada del cielo, como si de un deseo que meses atrás le hubiese pedido al cometa Halley, esa persona que ella buscaba comenzaba a surgir, mientras yo a la distancia solo podía desearle lo mejor.

Porque si intentaban conquistarla, *tenía la certeza de que esta vez no iban a pretender lastimarla*, porque sus ojitos brillaban tan intensamente que podía entender que recibía todo el cariño que merecía.

Es que ella ya había sufrido antes, ya había creado océanos enteros con las lágrimas que derramó a causa de aquellos que solo la lastimaron.

OLVÍDAME PRIMERO

Todos me dicen que te olvide,
que ya no te espere.

Que así pasen los años ya no volverás,
que ya te quedaste en el pasado
y que lo nuestro está más que olvidado.

Pero niña,
dime tú si encuentras un olvido
cuando nuestras miradas se cruzan,
cuando nuestras almas vuelven a sentirse cerca.

Porque tu silencio al preguntarte
si realmente eres feliz,
me genera un poco de esperanza...

No voy a olvidarte.

Hasta que me olvides primero.

SIN ATADURAS

A veces me pregunto:

¿Qué pasaría si te vas de mi vida?

Quizá muera lento
después de tu despedida
o resurja de entre los escombros
para volver a empezar.

Quizá encuentre a alguien que me quiera
aún más de lo que sientes,
pero al menos sé que no existirá
nadie que te quiera tanto como yo,
con esa misma intensidad.

Y sí,
te quiero,
aunque eres libre de irte cuando quieras,
porque desde que estás aquí
también lo haces *sin ataduras.*

ÚNICA

Tan tierna,
tan impaciente,
tan valiente,
tan dramática,
delicada o atrevida
y a veces tan loca...

Mira que mereces que te quieran
en cada una de tus facetas,
porque perfecta quizá no eres,
pero *única* serás siempre.

Perfecta quizá no, niña, pero esa ternura que impregnas cuando me muestras los hoyuelos que llevas en las mejillas es una señal de lo irremplazable que eres en mi vida. La impaciencia cuando los taquitos todavía no están listos mientras realizas manualidades con las servilletas que cuelgan en ese vaso de cristal.

La valentía al gritar lo que sientes, cuando debates con ese pensamiento que no he encontrado en ningún otro ser, la inteligencia que me hace amar a tu grandioso cerebro, lo dramática que eres cuando piensas que voltee a ver a otra más, cuando bien sabes que mis ojos no pueden dejar de verte solo a ti.

Lo delicada que estás cuando llegan esos cólicos que te hacen estallar, incluso en esos gritos yo también te quiero abrazar o lo atrevida que eres cuando dejas tu orgullo sin importar con quien o en donde te encuentres tan solo por volverme a buscar.

Porque mereces que te quiera o te quieran así, en cada una de tus facetas. Bien lo has dicho siempre, perfecta no eres, pero en ti puedo ver lo *única que serás siempre.*

DE VIAJE

La vida es un *viaje*
y lo que hoy te duele,
lo recordarás mañana
con una sonrisa.

Porque no se trata de quedarnos atrapados...

Se trata de partir,
seguir adelante
y descubrir nuevos mundos.

Dicen que la vida es un viaje que empieza en cada amanecer, cuando despiertas con todos los sueños por delante, cuando no quieres saber de nada o de nadie, cuando simplemente eres un turista que quiere pasar el resto del día en la cama.

Cuando ya no tienes otra opción que levantarte y tomar el café, prepararse para el trabajo, volviendo a la rutina de siempre, donde de pronto hay pequeños destellos de instantes que guardas por siempre con alguna locura, broma o risa que das en el transcurso del día.

A veces la distracción también es clave para olvidarse de lo que por las noches atormenta, para que después de un tiempo deje de doler o de importar. Ya solo vas a recordar sonriendo mientras te preguntas por qué llorabas por algo tan insignificante.

Así es la vida, *un viaje del que no debes quedarte atrapada,* por lo que partir y seguir adelante es lo más importante. Descubrir nuevos mundos, jardines donde las flores aún no se han marchitado, quedarse por un tiempo para cuidarlas o verlas crecer con las muestras de cariño que puedas ofrecer y regalarlas por siempre.

GUERRERA

Te admiro por tus caídas,
por tus tropiezos y fracasos,
porque a pesar de todo...

Nunca te diste por vencida.

Y aunque no podía estar a su lado para decirle lo mucho que la admiraba, al menos en mi poesía podía disfrutarla. Porque sabía lo que había soportado para poder estar de pie, en completo equilibrio con su mente, su corazón y su alma.

Ella era una guerrera que había vencido a su peor enemigo, la ansiedad. Causada por esos tropiezos y fracasos, por esos rechazos, burlas o palabras que la hirieron hasta destrozarla, pero que con el tiempo dejó de darles importancia.

Ya no le interesaban los comentarios que se escuchaban de ella, prefería vivir a su manera, vivir con toda la libertad posible, sin nadie que prohibiera todas sus aventuras. Y mira que fue la mejor decisión, pues aprendió de todo, inclusive a cuando marcharse en silencio y sin un solo movimiento.

Era capaz de romper cualquier escudo de súplicas que se le atravesara, estaba volando alto, tan alto que ya tenía toda mi atención puesta en sus alas. La admiraba, porque a pesar de todo, *Sirena nunca se dio por vencida.*

AMOR REAL

Espero niña,
que algún día encuentres
un amor *tan real* como el tuyo…

Para que puedas tener paz
y que todo deje de doler.

Esperaba a que algún día Sirena se encontrara con una persona que no fuera mejor que yo. Para que así en el futuro, cuando ya lo tuviera todo, fuera a buscarla para volver a conquistarla, para traerla de vuelta a mis brazos.

¡Qué equivocado estaba!

Ella no merecía tener a una persona así, su amor era tan real que merecía lo mismo a cambio. Fue como si el destino me hubiera escuchado, todo el arrepentimiento que sentía se multiplicó en amor para ella. Cuando menos lo esperaba ya estaba acompañada, de aquel sujeto que había logrado quererla, conquistarla, abrazarla, amarla y retenerla.

Al fin llegaba la paz, todo dejaba de doler, su mirada cambiaba. Lo notaba, sí, se enamoraba. Ya disfrutaba la vida mucho más, los malos ratos los había dejado atrás, tenía lo que yo nunca pude ofrecerle: tiempo y espacio.

Era libre estando a su lado y dolía, *dolía verla feliz con alguien más,* pero muy en el fondo yo también era feliz al verla sonreír, al saber que después de tanto, ya tenía a su amor real.

DESDE EL CIELO

Algunas veces pienso
que la soledad acabará conmigo.

Pero después miro al cielo
y recuerdo que no estoy solo,
tengo *un ángel* que me cuida
desde arriba...

aunque todavía no logro
entender su partida.

TODAVÍA NO

Todavía no es tiempo de rendirme,
de dejarte libre,
de sacarte de la mente
para no volver a pensarte.

Pero no soy yo el que quiere retenerte,
es el corazón
que a pesar de que ya te fuiste...

Sigue queriéndote.

COSMOS

Y si los astrónomos vieran
las constelaciones que forman
tus lunares y el universo
que llevas en tus ojos,
te aseguro niña...

que *ya no* voltearían a observar el cielo.

He descubierto un sinfín de universos en las pupilas de sus ojos, no se lo cuento a nadie, es un secreto que guardaré con envidia.

Porque si los astrónomos vieran las constelaciones que forman sus lunares descubrirían nuevos horizontes, posibles mundos que el hombre aún no conoce, súper novas capaces de enloquecer a todo aquel que las observara, kilómetros de polvo mágico espacial, que cuando fueran esparcidos por la humanidad la paz abundaría, la violencia acabaría, la delincuencia se detendría y la pobreza se apagaría.

Solo es cuestión de viajar entre la odisea que cruzaba a través de su espalda, perderse en el cosmos que lleva en sus ojos, en la gravedad que causan sus palabras, haciendo temblar a cualquier planeta que en su sistema quisiera orbitar.

No voy a contar lo que escondes detrás de tu mirada, *el misterioso cosmos que te hace soñar*, porque te aseguro niña, que ya nadie voltearía a observar el cielo.

SER TÚ MISMA

...y entenderás niña,
que todos te ofrecen el cielo,
pero no cualquiera se atreve
a vivir en tu propio infierno.

No hace falta creerse alguien más, algo que no eres, no hace falta aparentar lo que no puedes demostrar. Solo necesitas ser tú misma, la esencia que llevas puede ser capaz de enamorar a cualquier corazón.

Porque para ti, Sirena, nada es irrealizable, no existen los límites, ni conoces la palabra "imposible", y eso es lo que realmente admiro de ti, las ganas que le pones a todo lo que te propones, a los sueños que estás cosechando, que buscas cumplir y que estoy seguro vas a lograr.

Bien dicen que todos pueden ofrecerte tocar el cielo con las manos, desde arriba de las montañas ver las nubes caer sobre ti, ver que lo tienes todo, aunque solo sea un espejismo, pero no.

Las cosas así sabes que nunca funcionan y por esa razón es mejor mostrar a la guerrera que eres en realidad, porque solo así, no cualquiera se atrevería a vivir en ese ardiente infierno, que tanto me encanta.

RESPLANDECIENTE

Incluso viviendo en libertad
y amando cada vez más la soledad,
te sigo viendo divina...

Siempre brillas niña.

Ella es aquella niña que no pierde el brillo que la hace especial, pese a estar sola, sin nadie que pueda tomarle de la mano y ayudarla a continuar. No hacía falta, incluso viviendo en una soledad que amaba era capaz de mucho, sus ojos resplandecen más que otros días, incluso más que cuando estaba acompañada.

Viviendo en libertad era una etapa donde al levantarse sonreía al no pensar en nadie, cuando antes de dormir estaba tranquila sin ningún pendiente, sin estar atenta al teléfono esperando un mensaje que la hiciera vibrar, sin tener que estarse preocupando por si le han estado fallando o sin esos rumores que pudieran lastimarla, que llegan de gente que no confía en la fidelidad.

Así, con su pijama hasta tarde, despeinada, pero feliz. Así también se veía divina, seguía transmitiendo la espectacular magia que la hacía diferente a las demás, porque ella, ante todos sus problemas que la atacaban, *brillaba*. Un brillo que hasta el mismo sol le envidiaba.

DIMENSIONES

Mírala:

Hoy feliz,
mañana enojada,
quizá al rato sonriente
y en la noche esté triste.

No importa cómo se encuentre,
me encanta
en todas sus *dimensiones.*

Había ratos en los que Sirena se encontraba feliz de la vida, era una niña de porcelana que al mirarse al espejo confiaba en su extrema belleza. La carita de muñeca con la curva de infarto que se dibujaba cuando me regalaba una sonrisa.

Pero a la mañana siguiente estaba enojada, sin ganas de nada, odiando a todos, sin hacer la tarea, ignorando los mensajes, renunciando a sus planes con los amigos y a la cena con la familia.

Al rato ya la veías sonriente nuevamente, gritando y saltando como una completa maniática que lo único que buscaba era estar tranquila con ella misma. Por las noches le llegaba la melancolía y se le veía triste, mirando al cielo, a las estrellas, pidiendo un deseo que nunca quiso confesar, con la esperanza de que se hiciera realidad.

Es que no me importa cómo se encuentre, *en todo momento podría decirles que me encanta*, así, con todas y cada una de sus dimensiones.

También te quiero...

En tus noches de ansiedad
y depresión,
cuando mandas todo a la mierda
y lo único que quieres
es desaparecer del mundo.

Porque *también te quiero*
cuando tu cielo es gris
y en tu interior comienza a llover...

No solo cuando todo es perfecto.

QUÉDATE

Quédate,
un segundo,
cinco minutos,
dos horas o la vida entera.

Quédate,
que quiero mostrarte
lo que esconden mis letras.

Quédate,
para escribirte poesía,
abrazarte y convertirte en poema.

Quédate,
para cuidarte en tus noches frías
y refrescarte con mis locuras.

Quédate,
para descubrir tus miedos
y darle voz a tus silencios.

Quédate,
para olvidarnos del mundo
y ser nosotros contra todos.

BELLEZA INTERIOR

Qué hermosa eres…

Y no me refiero a tu bello rostro
o a tu cuerpo perfecto.

Hermosa eres por todo
lo que llevas dentro.

Porque lo exterior
con el tiempo se acaba,
pero tus sentimientos
nunca se apagan.

Siempre que yo le decía lo hermosa que se veía, no me refería a su bello rostro. Aunque sí, acariciar sus mejillas era como tocar una nube blanca o el algodón recién cosechado, sin polvos o pinturas, era tan delicada, pero también inigualable.

Muchas veces tampoco me refería a su cuerpo perfecto, rodeado de montañas que rozaban sus caderas, en su vientre el sonido de un amor que todavía florecía en las tardes frías del invierno al llegar diciembre, las fechas donde más la recordaba, porque fue ahí donde me demostró que *su verdadera belleza estaba en su interior*, en todo lo que escondía dentro, en esas muestras de cariño que no enseñaba desde hace mucho, que escondía con tanta envidia para que ningún sujeto equivocado pudiera descubrir.

Bien sabía que el tiempo es nuestro peor enemigo, que en algún futuro su piel de seda se arrugaría, sus caderas desaparecerían, pero que sus sentimientos ahí estarían, prevalecerían y nunca se apagarían.

ESPLÉNDIDA

Desde tus estrías
hasta tus kilitos de más,
desde tus marcas,
hasta tus ojeras...

Así eres *espléndida* niña.

Porque lo que para ti son defectos,
créeme que en los ojos correctos
serán la fortuna más valiosa.

Sirena tenía cualidades excepcionales, trucos que no encontrabas en ningún otro sitio. Desde sus estrías que recorrían su cuerpo los cuales formaban ríos enteros de esperanza, diferentes figuras que en ninguna caverna pudieron tallar o desde esos kilitos de más que ella pensaba le pesaban cuando en realidad le hacía verse más atractiva.

Aunque en cuestiones de gustos no soy nadie para juzgar, puedo asegurar que las marcas en su cuerpo eran un mapa que el destino había marcado para poder encontrar el tesoro que ella guardaba.

Porque sus ojeras traspasaban fronteras y sus manos eran la puerta a otros mundos. Así, *era espléndida*, incluyendo esos defectos que no podía cambiar, porque se arrepentía de lo que le hacía verse mal, pero también sabía que debía estar tranquila, porque alguna vez se lo dije:

"Créeme que, en los ojos correctos, niña, serás la fortuna más valiosa".

Y así lo fue.

SIN RENDIRSE

Aún faltan muchas batallas por ganar,
todavía queda mucha vida por vivir
y sobre todo,
mucho amor por conocer.

No es momento de rendirse.

Sonríe Sirena, que no es momento de rendirse, porque sabes que aún faltan muchas batallas por ganar, como esa tan importante que tienes ahora, el hecho de conocer a una nueva persona y que de pronto todas las emociones vuelvan de la nada, como si de un disparo hubieran asustado a las mariposas que llevas dentro.

Te han cautivado, te han enamorado, pero sabes que no es la batalla final, es simplemente una prueba más que quizá pueda durar muchos años, sin embargo, puedo ver que todavía queda mucha vida por vivir, que no vas a estancarte aquí, que saldrás de esta y más.

Por lo pronto disfruta niña, disfruta todo lo que puedas, conócelo, ámalo, abrázalo, pero sobre todo valóralo. Que a veces es la falta de confianza lo que hace que todo se acabe. Y no lo digo por algo o quizá sea porque ya viajé al futuro y logré ver lo que pasabas a su lado que ahora vengo a decirte que *no te rindas*, porque, aunque parezca un pasadizo sin salida, hay mucho amor por conocer.

HÁBLAME

En tus días tristes,
cuando el mundo te falle
y todos den media vuelta,
cuando te sientas en completa soledad
y sin un rastro de apoyo...

Háblame,
que te juro
yo voy a estar siempre.

Estaré en espera de esa llamada, cuando recuerdes nuestra última promesa, porque, aunque ya no estés aquí yo hablaba muy en serio cuando te dije que estaría siempre.

Sobre todo, en esos días tristes, llenos de nostalgia, odio, coraje o cuando hasta los cantos de las aves se vuelven insoportables o el ruido de los autos tan torturante, cuando todo el mundo te falle.

Ahí, sin recibir una sola notificación de tus amigos, una llamada de tu mejor amiga o unas palabras de aliento por tu familia, cuando todos den media vuelta y por alguna razón no presten atención a lo que llevas cargando, cuando te sientas en completa soledad sin ganas de respirar, con la vista perdida al horizonte y la idea de salir corriendo hasta lo más desconocido para que nadie nunca te vuelva a encontrar, cuando no haya ningún rastro de apoyo…

Háblame, que así esté a cientos de kilómetros haré lo posible porque me sientas cerca, para darte la calidez de mis palabras o la presencia con unos abrazos de consuelo.

En donde esté…

Háblame.

Y QUIZÁ

Volveremos a encontrarnos,
en un futuro,
más maduros,
más conscientes de la vida...

...y tal vez,
ya listos para
lo que dejamos
pendiente.

PIRÁMIDE

Trato de fingir que ya te olvidé,
que ya no te paseas por mis sueños
o que ya no me visitas
de vez en cuando en mis recuerdos.

Trato de hacerle entender a mis sentimientos
que no te quisimos demasiado,
al final se ríen
y me repiten lo equivocado que estoy.

Bien saben que fuiste la bomba
que hizo explotar todo mi interior
y desde entonces
no te he logrado bajar de las nubes.

Aquí sigues,
ahí sigues,
cn la cima de todo,
en el punto más alto de la pirámide
de todos mis amores.

EXTROVERTIDA

Ella era aquella
chica ideal:

Extrovertida,
a veces despeinada
y sin maquillaje,
con grandes ojeras
e insomnios interminables...

Perfectamente imperfecta.

Sirena era la chica ideal para cualquiera, aunque ella no buscaba a su otra mitad, la vida le mandó al amor que marcaría su vida, y ¿Quién no se quedaría atrapado en sus encantos?, si ella era tan extrovertida.

Manifestaba francamente lo que sentía, gritaba a todo pulmón sus pensamientos y demostraba con acciones sus bellos sentimientos.

Tan simpática y afectuosa, incluso al verla toda despeinada al despertar, sin el maquillaje en el rostro seguía llevando el encanto de una chica soñadora que con todo el miedo que a veces sentía, se atrevía, aunque costara muchas horas de trabajo, no se rendía, continuaba, pese a después tener que lidiar con sus grandes ojeras o los insomnios interminables que no la dejaban descansar.

Siempre encontraba la manera de tener bajo control lo que quería. Sabía manejar sus horarios, sus aventuras, sus distracciones y las citas con aquel chico que comenzaba a descubrir *lo perfectamente imperfecta que ella era.*

RADIANTE

Ella es la chica
que lo tiene todo:

Tan ardiente, cariñosa,
atrevida y valiente...

Es tan **radiante**
que su ausencia mata
y su presencia enamora.

Porque cuando él descubrió lo radiante que es Sirena, la abrazó con todas sus fuerzas para que nunca se fuera, la enamoraba con una intensidad que pocas veces se veía, pues tenía lo que ella siempre buscaba, el tiempo preciso que lograra llenar a su alma, las palabras correctas para alentarla, las caricias necesarias para que se sintiera acompañada.

Ella en cambio, lo enamoraba con todas sus virtudes, tan ardiente que besaba con un fuego que quemaba los labios, aquellos besos que siempre me llamaron, pero que nunca me dieron la oportunidad de probarlos.

Cariñosa hasta el punto de no querer hacer otra cosa y solamente abrazarte mientras platicaba de su vida en aquella habitación tan escondida.

Atrevida siempre, valiente desde niña, estaba forjada por decepciones que ya sabía a lo que se enfrentaba. Porque estaba tan segura que su ausencia mataba y yo lo había comprobado, era un arma letal cuando se iba y sin alguna despedida, pero su presencia era incluso más especial, porque estar a su lado era tener el paraíso...

Enamoraba, con sus terribles, pero exóticos encantos.

INCONDICIONAL

Ella es aquella chica
incondicional,
que quiere y ama de verdad,
que se entrega sin miedo,
que se queda
y nunca abandona.

Y sí,
a veces la suelen lastimar...

Pero se sabe levantar
                    para volver a empezar.

(IM)POSIBLE

Me dabas todo lo que pensaba que no existía,
la energía que me faltaba para empezar el día,
las ganas de seguir adelante sin voltear hacia atrás.

Quería naufragar entre las mieles de lo prohibido
donde me sentía vivo.

Eras el sitio que no conocía,
pero que veía eternamente para mí.

Nos olvidábamos
y después regresabas de la nada,
me hacías creer que era (im)posible
y es que,
en el fondo amabas a alguien más,
algo que yo
después de varios intentos
no podía evitar.

Perdóname,
por no haber llegado antes.

DICHOSOS

Qué linda se vuelve la vida
cuando encuentras
a una persona a tu medida,
que te quiere con la misma intensidad
y todo es mutuo.

Qué suertudos son aquellos
que se topan con su otra mitad
y qué *dichosos* al saberlo valorar.

SIRENA SOÑADORA

"...y soñadora", en su mente vagaban sueños que pensaba nunca se llegarían a cumplir, como esos deseos que parecen imposibles: tener la casa que siempre deseaste, el auto que desde niña mirabas por las películas, la plata suficiente para construir un refugio de animales abandonados o tan siquiera ofrecer un poco de comida a los más necesitados.

Las metas que desde la secundaria comienzas a visualizar, llegar a la universidad y dar todo de ti, empezando con la aceptación de la misma, para después dar todo el empeño y salir adelante, así como se lo prometiste a tus padres. Ir lejos, dejando lo suave y acolchonada de tu cama y el extenso cuarto para después estar encerrada en un cuadro de 4 x 4.

Sin mamá para que temprano puedas tener el desayuno listo, sin papá para recibir los consejos y no darse por vencida, sin los hermanos que a pesar de las peleas también te alegraban, los pascos con los amigos por esas veredas donde reían sin parar.

Sin nada, tan solo con una maleta, un escritorio y un par de sillas que te ayuden a cumplir con tu futuro, tan soñadora que a pesar de no tener mucho podía lograr todo, tan soñadora que su mundo de fantasías, cada vez se convertía en realidad.

Así de soñadora,
       así es ella,
              que comenzaba a enamorarse.

115

CAPÍTULO III
SIRENA ENCANTADORA

POR UN MOMENTO...

Pensé que era alguien
especial en tu vida,
pero no...

Y mira que está bien,
a veces es mejor
aceptar la realidad
de tus mentiras,
que vivir de fantasías.

ETERNAMENTE NOSOTROS

Sé que ya es muy tarde para hablar de lo nuestro,
de lo que algún día fuimos
o intentamos construir.
Sé que han pasado muchos días,
he visto muchas puestas de sol
en todos los colores posibles,
he visto caer las hojas en tantos otoños,
la luna en sus distintas fases,
el amanecer en diferentes mares.

Todo ha cambiado,
pero no el sentimiento por ti,
porque te quise,
sí,
con tanta intensidad
que no te puedes imaginar.
Sin embargo,
todavía te quiero,
quizá un poco menos,
pero sigues aquí,
muy dentro de mí.

Y sé también que a pesar de todo
llevas un recuerdo de lo que fui,
de lo que intentamos ser.

Porque me quieres todavía,
aunque en tus sueños te abriguen otros brazos
y desees otros labios.

Porque siempre tendremos
un motivo para recordarnos,
esos momentos que quedaron,
ese instante cuando nos conocimos,
cuando tomé por primera vez tu mano.

¿Te acuerdas?

Cuando acaricié tu rostro,
y me sonreíste
formando dos comillas entre tus mejillas.

Porque nos quisimos,
porque nos queremos,
porque te quise
y porque te quiero.

Y aunque el universo nos tenga hoy en día separados
y nuestros destinos sean distintos,
solo quería decirte que,
jamás olvidaré todo lo que algún día fuimos...

O intentamos ser.

Eternamente nosotros.

DECEPCIONES

Suelta,
vete,
no lo busques más...

Sé que va a doler,
pero tenemos que aprender
y aceptar las *decepciones*
para saber decir adiós.

He comprobado que el amor en su mayoría llega a ser muy corto y el olvido se siente demasiado eterno. Todos alguna vez en nuestras vidas llegamos a experimentar una decepción, una ruptura que acaba con las ilusiones que llevábamos en el alma.

Acciones o palabras que nos hicieron darnos cuenta que estábamos en el lugar equivocado y para Sirena no fue la excepción. Los años habían pasado volando, pero los problemas siempre estuvieron.

Estaba tan cansada con el pasar de las semanas, mismos problemas, mismas discusiones, misma conclusión, volver cuando ya no sentía la misma emoción. Comenzaba a tornarse una rutina de la que no podía salir, mientras que en mis visitas yo le daba las mejores palabras de aliento: "suelta, vete, no lo busques más".

Ella tenía en mente que iba a doler, demasiado, porque se había enamorado por primera vez y pensaba que ahí estaba el amor de su vida. Pero apenas aprendía que las cosas pasan, que los errores se cometen y que *debemos aceptar las decepciones para saber decir adiós.*

OJITOS DE MIEL

Algún día vas a entender
que si no fue posible,
es porque el destino te guarda
un mejor camino,
un mejor futuro,
una mejor vida...

Paciencia ojitos de miel,
que lo mejor de tu vida está por venir.

Es difícil tratar de aceptar por qué una relación no funciona después de haber dado todo. El esfuerzo que se hacía para que marchara de maravilla, las palabras o largos textos que le escribías, los pequeños o grandes detalles que ofrecías, el tiempo, los besos, las caricias, los abrazos, pensamientos, ilusiones, las cartas o canciones que le dedicabas.

Cada recuerdo causaba nostalgia, pese a lidiar con la distancia, tratando de no culparla, un corazón sincero jamás se marcharía si lo que se siente es verdadero.

Y si esta vez te tocó perder, es porque el destino te guarda un mejor camino, una piedra se ha cruzado, te ha dejado experiencia, pero se acerca un mejor futuro. Las personas que puedan llegar a fallarte o para hacerte bien, también van a prepararte para una mejor vida, vas a saber qué hacer la próxima vez que alguien intente lastimarte, *tan solo te pido paciencia ojitos de miel, que lo mejor está por venir.*

BONITA

Qué bonita te ves
con esa sonrisa falsa
y abrazada a tus penas,
así…

Como si ya nada doliera.

Parecía que la tristeza acabaría con Sirena, cada día que pasaba era una tortura para ella, su carita demacrada reflejaba muchas horas de insomnio. Intentar maquillar las ojeras no siempre era sencillo, las lágrimas se derramaban solas sin necesidad de querer llorar, el hambre parecía acabar, el brillo de sus ojos se estaba apagando, las ganas de continuar trataban de disimular el querer frenar.

Pero la fuerza que tenía era más que toda la depresión que generaba aquella partida, se veía bonita cuando después de limpiar las lágrimas se colocaba el labial rojo que tanto le gustaba, sonreía sin tener el poder suficiente para hacerlo, durante las heladas de invierno abrazaba a sus propias penas para llenarse de calidez y amor propio.

Sin querer saber del mundo, se aislaba de todos, trataba de aliviar a esas heridas que gritaban sin parar, por eso sonreía, siempre lo hacía, así...

Como si ya nada doliera.

SIN RENCORES

Te perdono por todas las veces
en que te lloré.

Al final no tuviste la culpa de nada,
fue mía al querer retenerte
cuando ya no había nada más por hacer.

Después lo entendí,
eras parte de mi camino,
pero no el amor de mi vida.

Y la diferencia es que tú te fuiste,
pero vendrá alguien que se quedará por siempre.

Puedes irte sin rencores,
que yo a ti solo debo darte las gracias
por haberme enseñado a nunca rendirme.

DESDE QUE TE FUISTE

Es mentira cuando dicen
que nadie de amor se muere,
porque desde que te fuiste
estoy muerto en vida.

Ya no hay ganas de volverme a enamorar,
he probado muchos cuerpos,
pero el sexo no se compara en nada
como aquella tarde cuando me hiciste el amor.

Te he buscado en muchas almas,
ninguna ha logrado superarte
y quizá nunca vuelva a encontrarte.

El placer me mantiene de pie,
pero sigo muriendo...

Soñando con volverte a ver.

NO SIGAS ESPERANDO

Ya nada será como antes,
aceptar que no volverá
y resignarse,
es el primer paso
para *comenzar a sanar.*

Sirena tenía las esperanzas de que el chico con la remera negra y chaqueta de cuero volviera a sus brazos. Extrañaba ese aroma en su cuello que percibía mientras lo llenaba de besos, la calidez de sus manos mientras iban de paseo por los campos de girasoles en la cima de la montaña más alta del pueblo, la seguridad de sus abrazos al recostarse después de mirar esa serie de 12 capítulos y 3 temporadas que los desvelaba pero juntos disfrutaban, esa emoción cada tarde cuando llegaba a su casa por ella para disfrutar de horas a su lado, la música que ambos cantaban, escuchaban y bailaban, la confianza, amor y cariño que desde el principio le mostraban.

Echaba tanto de menos esos momentos, pero la realidad era diferente, tan difícil de aceptar que ya nada sería como antes.

Y esa aceptación era el primer paso, resignarse a que todo ya se había terminado para comenzar a olvidar aquel amor que llegaba para marcar su vida.

DEMENTE

Ella combate la tristeza
con su preciada locura.

La gente no la comprende,
pero es la forma de sanar sus heridas,
está demente...

Y así me encanta.

Ella tenía su propia manera de curar sus heridas, cuando parecía que no había escapatoria y sus demonios podían más, se encerraba en su habitación, bloqueaba los datos del móvil y se recostaba en la cama con el 5% de batería que restaba.

Se colocaba los audífonos y escuchaba sus melodías favoritas, quizá no eran del todo positivas, incluso llegaba a torturarse aún más con esas baladas de desamor que lo único que hacían era volver a recordar, pero también era una manera de pasar el rato y sanar de a poco.

Le había encontrado el lado bueno a la tristeza con una locura que muchos no comprendían, como si ella misma se disparara a quema ropa sin ninguna compasión durante esas caminatas en completa soledad por los sitios que antes solía visitar estando acompañada.

Y es que todos tenemos nuestra propia manera de curarnos, yo entre su demencia me sentía identificado.

Está demente...
                    y así me encanta.

No te apagues...

...niña,
porque tú siempre puedes,
tú siempre lo alcanzas,
siempre lo consigues...

Solo confía en ti,
así como yo confío
en que *vas a lograrlo.*

Tienes tantas palabras atoradas en el alma que a veces prefieres mejor no decir nada y quedarte callada. Porque el amor que un día fue tuyo, se esfumó tan rápido que ni tiempo tuviste para pedirle que se quedara.

Justamente cuando sentías que se quedaría para siempre, pero no. Son juegos del destino los que hacen que las cosas cambien, te llenan de experiencia para afrontar lo que apenas viene.

Te pidieron libertad niña y ahora debes ver por la tuya, aunque hoy te vea devastada, con más ganas a punta de filo para salir corriendo a buscarlo, que salir del daño por tu propia voluntad.

Sé que puedo confiar en ti, porque siempre puedes, has estado a punto de recuperarte, pero aún no logras decirle adiós. No es fácil aceptarlo, lo sé, pero confía en ti.

Confía en que vas a lograrlo, en que vas a alcanzarlo, que todo será como antes, cuando sonreías sin necesidad de tenerlo, sin caricias falsas o promesas incumplidas, solo contigo...

Con toda la firmeza y resiliencia que te caracteriza.

ABRÁZALA

Y cuando la veas por la calle
repartiendo sonrisas:

¡Abrázala!

Ella intenta ser fuerte,
pero muy en el fondo está devastada,
rota y desesperada.

Tan solo necesita de un abrazo sincero
para comenzar a repararse.

A Sirena le daba por recorrer las calles disimulando todo el peso que cargaba dentro, la depresión, cansancio, insomnios y tristezas.

Repartía sonrisas en cada cuadra, los amigos pensaban que con ella nada pasaba, que seguía siendo la niña sonriente de siempre, pero no, había un letrero invisible en su frente que en mayúsculas decía: ¡AYUDA!

Necesitaba consuelo, palabras de aliento que pudieran desvanecer el dolor y ayudar a cicatrizar las heridas que todavía no paraban de sangrar, requería urgentemente un trasplante de piezas cargadas de amor para poder armar el rompecabezas y completar su corazón.

Así que, por si alguna vez te la topas por la calle, *¡abrázala!*, dile que todo estará bien. Ella intenta ser fuerte, pero muy en el fondo está devastada, rota y desesperada; ese abrazo será de gran ayuda, una muestra de cariño sincero es lo que necesita para comenzar a repararse.

DEJARTE EN LIBERTAD

Soltarte me dolió bastante
y al principio no podía entender:

¿Por qué el extrañarte se hacía
cada vez más frecuente?...

...pero,
con el tiempo lo entendí.

Todo era parte del proceso
y dejarte en libertad
fue la mejor decisión
para lograr salvarme.

5 AÑOS DESPUÉS

No me preguntes cómo dejé de quererte,
solo un día desperté con más ganas de quererme.

Desde ahí tus recuerdos temblaron,
sabían que te estaba olvidando
y te mandaron una señal para que volvieras,
para que ese mensaje tuyo cayera en mi bandeja
y una vez más comenzara a acelerarme el corazón.

Me debatí entre contestarte
o simplemente ignorar y salvarme.

5 años después
creo que tomé la mejor decisión,
aunque de vez en cuando abro el mensaje
para cometer el pecado de volver a extrañarte.

TRANQUILA

No fue tu culpa,
no lo hiciste mal,
si no funcionó es porque no era para ti,
la vida te dará otra oportunidad.

Tranquila,
solo estás creciendo,
solo estás aprendiendo.

Sé que a veces te sientes culpable por todos los fracasos por los que has pasado, quieres desaparecer del mundo o empezar de nuevo. Viajar atrás para no volver a cometer los mismos errores, corregir esos instantes de los que te avergüenzas para borrarlos en el presente.

Pero niña, cómo te explico que la vida está llena de lecciones, te coloca obstáculos en el camino para que aprendas de ellos, para llenarte de conocimiento, experiencias que por más que duelan también te hacen reír.

Porque realmente nada es tu culpa, si antes no funcionó, ten por seguro que no pasa nada, el mundo no se acaba, simplemente no era para ti y ya está.

No es necesario tratar de entenderlo, buscar explicaciones o respuestas a todas tus preguntas, no es bueno atormentarse, ya vendrán muchas otras oportunidades, muchas más personas.

Tranquila, esto es solo una etapa, *estás creciendo pequeña, estás aprendiendo.*

LA OCTAVA MARAVILLA

Te quise,
tanto que no te lo imaginas.

Te amé,
incluso más que a mi vida...

No te importó.
Pensé que moría,
pero en esa agonía
aprendí a valorarme

y entendí que tú no eras
la octava maravilla.

Creí que había encontrado a esa persona tan maravillosa como Chichén Itzá, tan misteriosa que tendría mil secretos por descubrir. El imponente Coliseo de Roma se quedaba chico al contemplar la magnitud con la que te quería. Era tan sagrada como el Cristo Redentor. Sentía un amor tan infinito como la Gran Muralla China. Parecía que era imposible, como las construcciones de Machu Pichu, pero yo seguía intentando todo para convencerla de que podíamos estar juntos. Incluso viajar por el mundo y caminar de la mano por la antigua Petra, era tan hermosa de cuerpo y alma, como una estructura en su rostro que parecía tallada por los mismos arquitectos del Taj Mahal. Era tanta mi admiración hacia ella que llegué a pensar que podía ser considerada la más reciente maravilla, pero no. No le importó lo que sentía, yo pensé que moría y en esa agonía también aprendí a valorarme, ahí entendí que no eras tú...

La octava que el mundo debía contemplar.

DIVINA

También te ves espléndida
cuando lloras,
cuando sufres,
cuando ya no puedes más
y mandas todo a la mierda.

También te ves *divina* así,
cuando te abrazas y te eliges.

Era una madrugada como cualquiera, contemplaba las estrellas mientras me imaginaba posibles mundos alternos donde tu compañía no me hacía falta. Cuando de pronto, recibí tu llamada: Un lamento acompañaba a tus palabras, me contabas lo mal que la habías pasado, te sentías presa, como una hoja seca que flota por el mar o pasea por el viento, sin los ánimos para continuar, tenías problemas que te hacían llorar y no quise preguntar.

Pero sonreía al saber que, a pesar de todo seguías pensando en mí, tal vez solo para recibir palabras de consuelo, pero era tu primera opción para desahogarte. Nuestra confianza nunca se apagó y no encontré una manera más correcta de agradecer por permitirme escuchar tu voz que decirte lo espléndida que te ves cuando tus lágrimas caen, cuando sufres, cuando ya no puedes y mandas todo a la mierda.

Recordaba muy bien lo divina que te ves así, cuando te abrazas y te eliges, cuando la niña que me enamoró me demuestra porqué lo hizo.

VAS A QUERER VOLVER

…lo sé,
te conozco.

Y tal vez te reciba
con los brazos abiertos
o llegues demasiado tarde
que *ya no pueda reconocerte.*

No es por presumir que no me viste llorar aquella tarde cuando te marchaste, quizá esperabas al menos un par de súplicas. Pero no, no podía pedirte que te quedaras si ya habías tomado una decisión.

Porque también sabía que había dado hasta lo último de mí, que te ibas por tu propia voluntad, tenía muchas dudas del porqué lo hacías, pero mejor preferí callar y aceptarlo.

No tienes idea lo mucho que me dolió dar media vuelta y regresar a casa con el corazón en pedazos, sin embargo, tenía la certeza de que tarde o temprano se te cruzaría por la mente el querer volver.

Porque te conozco tan perfectamente que algún día te ganaría mi recuerdo y regresarías arrepintiéndote por lo sucedido. Porque a pesar de haber buscado a otra persona que llenara tus expectativas, no era nada fácil reemplazar los buenos tratos, la atención, el tiempo, los detalles, las caricias, pero sobre todo el gran amor que te tenía.

Y sí, tal vez si vuelves te reciba con los brazos abiertos, como si nada hubiera pasado o llegues demasiado tarde, cuando yo ya esté tan enamorado de alguien más...

Que ya no pueda reconocerte.

MORENA

Cuánto te quería morena
y aún te quiero.

Perdón por no decirlo a tiempo,
pero debo confesarlo
antes de seguirme atormentando.

Ya estoy a destiempo,
lo sé,
créeme que,
si pudiera regresaría atrás...

Lo arreglaría,
sin embargo
ese hubiera no existe
y no me queda de otra que estar aquí,
escribiendo por tu recuerdo.

Morena mía
te extraño todavía.

SIEMPRE TÚ

No es el lugar,
los lujos o las riquezas,
siempre serás tú.

Porque no importa en donde me encuentre:

Podría pasar la noche en vela,
en una azotea mirando las estrellas,
en la taquería de la esquina,
en los helados del mercado,
en el centro comercial,
en el quiosco del parque,
en París
o simplemente en la cama
viendo películas y comiendo golosinas.

No hace falta elegir los más grandes lujos,
las joyas y diamantes,
porque tú eres mi único tesoro valioso.

Junto a ti,
todo es perfecto.

AVE FÉNIX

Déjenla que llore todo lo necesario,
porque cuando haya sanado
volverá a resurgir,
como *ave Fénix* se levantará
de las cenizas...

Se amará tanto que,
ya nadie podrá hacerle daño.

Existe una leyenda que habla de un *Ave Fénix* capaz de renacer de entre los escombros. Esta historia me hacía recordarla, porque, así como en la mitología, ella también poseía varios dones extraños.

Como la virtud de que sus lágrimas fueran curativas, por eso lloraba todo lo necesario para limpiar esas penas que la albergaban. Una fuerza sobrenatural, resistía varías decepciones sin guardar algún rencor, sabía perdonar y soltar.

También tenía el control sobre el fuego, pues con sus ardientes labios cada beso te llevaba directo al infierno. Un gran poder físico al cargar consigo muchas noches de insomnio, miles de kilómetros de angustia, cansancios y un par de traiciones.

Ante lo que se interponía, sabía cómo levantarse de entre las cenizas, volviendo una vez más a la vida, pero esta vez con más confianza en sí misma, con más espiritualismo, renaciendo con toda su gloria, amándose tanto, para que nadie volviera a hacerle daño.

PERDEDOR

Luché hasta donde pude,
dejé el alma entera
y no fue suficiente.

Entendí,
que a veces
nos toca perder.

Todavía me acuerdo lo mucho que hacía por ella, las veladas llenas de pláticas interminables que me encantaban. Estaba siempre, en todo momento, incluso cuando me encontraba lejos, no me importaba viajar varias horas para estar a su lado.

Cumplía sus deseos y hasta sus más intensos caprichos, era mi musa en la poesía, la inspiración de cada día, siempre buscaba la manera de coincidir, aunque solo fuesen un par de minutos.

Me encantaba cuando la veía acercándose, su sonrisa combinaba perfecto con sus rojas mejillas, su voz tocaba mi corazón que se arrodillaba ante su dulzura, mis manos sudaban, el cuerpo temblaba y los ojos brillaban, era su esclavo, incluso cuando ya no estaba.

A veces todo no es suficiente y por alguna razón decidió irse, no sin antes dar mi mejor lucha, con las mejores armas intentaba conquistarla, entonces lo entendí:

"No siempre se puede tener todo lo que se desea, *había perdido y tenía que aceptarlo,* **era un perdedor**, que había dejado hasta el alma durante la batalla".

VIVIR POR VIVIR

Quizá mañana siga doliendo
o entiendas niña,
que sufrir por quien no te valora,
es la *peor forma*
de dejar pasar la vida.

Eran las 6:30 pm cuando me decidí en ir a visitarla, traía conmigo un libro que le había prometido, le había escrito una de las mejores dedicatorias que no volvería a repetir nunca más, era un ejemplar único e inigualable.

La brisa comenzó, y yo con la remera tapaba la envoltura para que llegara a salvo, con un moño verde y los nervios a tope llegué hasta la puerta de su casa y toqué el timbre...

Salió y al verme se sorprendió, quizá no tenía ni la menor idea de que sería yo o que alguna vez nos volveríamos a ver, pues ya habían pasado varios meses sin saber el uno del otro. Pero ahí estábamos, una vez más, sonriendo mientras entrelazábamos miradas, *"pasa"*, me dijo, mientras con una sonrisa retorcida le entregaba el obsequio.

Con una taza de café charlamos un par de horas, me contaba que sufría, estaba en fachas, no por gusto, era por depresión. Y dolía, dolía verla así, después de que ella me había enseñado a levantarme y en ese instante le dije que *sufrir por quien no la valora era la peor forma de dejar pasar la vida.*

Vivía por vivir, sin ninguna espera, soltando sus esperanzas, muriendo por dentro.

VAS A CURARTE

Algún día volverás a ser la misma:

Vas a sonreír,
divertirte,
salir por las tardes
y a encontrarle
más sentido a tu existencia…

Vas a curarte.

Ya llegará ese momento en que nada importe, cuando veas el arcoíris al final de la tormenta, la tristeza se invertirá y querrás sonreír intensamente.

La curva de tus labios volverá, te pondrás de nuevo esas botas negras que tanto te encantan, el vestido rebelde que lucías en los eventos del pueblo, plancharás tu pelo para después maquillarte, colocando el labial rojo a tus labios.

Habrá elegancia en tus pestañas, adicción en tus ojitos rasgados, las ganas de asistir a las fiestas con los amigos aumentarán con cada buena experiencia que vayas viviendo.

Vas a divertirte como solías hacerlo, las exploraciones a tierras desconocidas para sentir esa adrenalina, tu curiosidad por ver qué hay más allá de las estrellas, las tardes de café, helados o simplemente paseos por el parque.

Vas a encontrarte entre tantas ruinas, sabrás porqué estás en este mundo, tu propósito como Sirena, el sentido de tu existencia, entonces será como antes, *te curaste*, así como lo deseaste.

ATARAXIA

Puede que aún no te des cuenta,
pero ella ya escapó del desastre
y su alma se está curando,
su sonrisa va recuperando.

Muy en el fondo,
en su interior
ya se asoman pequeños retoños,
las flores de su jardín van brotando
y el huracán ya se ha marchado.

Ya está lista para florecer.

La serenidad y la calma comenzaban a sentirse en Sirena, se sentía fuerte para poder soportar cualquier adversidad, comenzaba a llevar una vida equilibrada y plácida, sin miedo a los límites.

Quizá no lo mostraba mucho, la mayoría de sus amistades no se daban cuenta, pero ella ya había escapado del desastre, después de soportar los fuertes vientos del huracán, la calma regresaba.

Su alma se había curado con todas esas pócimas de amor propio inventados por ella misma, como si de un hechizo se tratara. Las penas estaban desaparecidas, la sonrisa estaba recuperando, muy en el fondo, en su interior, ahí, donde su corazón ya latía con normalidad se asomaban pequeños retoños.

Se lograba observar girasoles, rosas, claveles y orquídeas, todas ordenadas de tal modo que pudieran alimentar a las mariposas que renacían y soportar las siguientes caídas.

Ya estaba lista para florecer

y comerse al mundo entero.

159

VOY A LOGRARLO

Todavía no te olvido,
aunque llevo la tranquilidad
de saber que no serás para siempre
y que en algún momento...

...lograré olvidarte.

Todavía no logro dejar de pensarte, de extrañarte y de recordarte en cada instante. Han pasado varios meses, quizá un par de años desde que te fuiste y recuerdo que prometí ya no volver a buscarte.

Pero no te miento, hay veces en las que paseo por las calles donde pasamos momentos inolvidables, veo tan distantes esos días cuando fuimos uno, los besos detrás de las cabañas y terminar haciendo el amor con la luna siendo testigo, en nuestro cuarto favorito.

No es tan fácil olvidar(te), no cuando los recuerdos vuelven a cruzarse por mi mente. Y es que parece que te llevaste una parte de mí, más de lo que tenía, por eso el vacío sigue. Mi piel no se acostumbra a ser acariciada por otras manos, mis oídos no pueden sentirse excitados al escuchar otra voz.

Es complicado tratar de entender que voy a superarte, pero la tranquilidad de a poco me confirma que voy a lograrlo, de que no serás para siempre y que en algún instante *lograré olvidarte.*

EMPRENDER EL VUELO

Y en un acto de valentía,
ella dio media vuelta
y escapó de él,
dicen que extendió sus alas,
pese a estar rotas
y maltratadas...

consiguió volar hacia su libertad.

Yo me encontraba tan distante de Sirena que no podía hacer mucho para salvarla, pero a la distancia estaba atento a su llamada, me contaban que de a poco lograba recuperar las ganas de salir de casa.

El tiempo que no podía ofrecerle lo estaba encontrando en otra alma, mientras yo buscaba cumplir mis sueños para que en el futuro no me faltara nada. Ella estaba luchando por conseguir lo que alguna vez deseo de niña, la felicidad que tanto le faltaba y de un parpadeo decidió cambiar su vida para bien.

Ella dio media vuelta y escapó de las ataduras, de esa jaula que durante mucho la tuvo secuestrada. Dicen que extendió sus alas, estaban rotas y maltratadas que pensaron no iba a lograrlo, una gran sorpresa se llevaron cuando la vieron volar hacia su libertad, hacia el azul del cielo y lo infinito del universo…

Era ella,
> *que después de tanto,*
>> *podías verla volando alto.*

PERDÓN POR INSISTIR

Ojalá algún día puedas darte cuenta que yo iba con las mejores intenciones para conquistarte. Y perdón por haber insistido, solo quería mostrarte todo lo que llevaba dentro, lo que nos esperaba en el futuro.

Yo quería llenarte de besos y caricias, atraparte con mi poesía, hacerte reír con mis tonterías, llevarte serenata y flores hasta tu casa, enseñarte que podíamos ser felices y libres estando juntos. Quería curarte las heridas que otros habían dejado, acomodar cada escombro, recoger los malos recuerdos y a(r)mar cada pedacito de tu corazón destrozado.

Quería llamarte por las noches hasta quedarnos dormidos y darte los buenos días al amanecer, ver abrazados los colores del atardecer, caminar de la mano por las calles y presumirte en todos lados.

Recorrer cada pueblito, visitando cascadas, paisajes, restaurantes y hasta hoteles para hacerte el amor en cada rincón. Quería causarle los mejores orgasmos a tu mente para lograr desnudar a tu alma y que hubieras deseado estar por siempre a mi lado.

Mi imaginación iba más allá de lo pensado, tenía la ilusión hasta el tope y, aunque no podía ofrecerte las mejores riquezas, tenía un corazón sincero que estaba dispuesto a todo porque te quedaras, aunque sea un instante.

Y es que estaba tan decidido en que fueras tú, que ya me había despedido de los amores del pasado, buscaba un nuevo comienzo porque el ayer ya lo tenía olvidado. Había cerrado hasta el último ciclo para poder estar tranquilo, porque realmente pensaba que me querías y nunca fue así. Te había subido hasta las nubes cuando no conocía mucho de ti, quizá mi error más grande, idolatrar a una persona que todavía no me mostraba quien era en realidad.

Perdón por haber insistido, ya te había escrito tanto que mis letras se empezaban a acostumbrar a que las leyeras, jamás debí recitarte mi poesía oculta, no debí mostrarte al chico romántico que comenzaba a enamorarse, solo debí ser el mismo de siempre, pero emanabas magia con tu mirada que era imposible resistirme a intentar enamorarte.

Fallé y perdí...

Aunque la venda de mis ojos también cayó, pude ver quien eras, y con ello mis ilusiones murieron. La última esperanza lloraba y se sostenía entre esas muestras de cariño que diste antes de irte. Pero no, al final lo arruinaste, lo arruiné, lo arruinamos.

Y ya no quedaba más por hacer. Me despedí y sin darme cuenta ya te habías llevado una parte de mi alma, la mejor versión en muchos años, un trozo inmenso...

...de mí.

No LE LLORES AL AMOR

Ni un millón de lágrimas podrán
arreglar lo que ya está escrito.

Anda niña,
ve a sonreírle al mundo:

Puedes realizar todos esos sueños
sin ayuda de nadie,
puedes avanzar sin necesidad
de que sostengan tu mano,
puedes solita.

Así como también puedes
ir al cine sin compañía,
tomar ese vino
y comer esa pizza,
sonriéndole a tu hermosa soledad.

Quiérete
y quiérete mucho,
porque una vez que lo logres,
te aseguro,
nadie más será capaz de lastimarte.

SIRENA ENCANTADORA

"...con encantos de Sirena", ella tiene más poderes que una bruja, es capaz de derretir el hielo con tan solo mirarlo, hace temblar cuando sus manos se acercan a la piel, entonando una voz de inmensa dulzura y musicalidad.

Tan preso en sus encantos que no tuve otra opción que aventarme al mar de sus caricias, navegando entre sus sueños. Ahí quedé atrapado, podía irme, pero no, quise permanecer: ¿por qué escapar de ese lugar que me hacía feliz?, si, aunque fuera prohibida era un placer poder convivir con ella.

Mi musa de toda y cada una de mis letras, la dueña de mis poesías, estaba plasmada en cualquier sitio, desde mis temáticas tristes hasta mi erotismo placentero. Dolía cuando faltaba, inspiraba con su presencia, regalaba fuerza, valor y armonía, fantasías mientras dormía.

Hasta en mis sueños me guiaba para cumplir con cada misión y poder despertar, calmando el miedo, quemando los labios, cambiando el destino, convirtiendo en realidad los deseos, hipnotizando con su resplandor, quitando la respiración, iluminando la oscuridad.

Pero, sobre todo, tener la dicha de saber cómo encender sentimientos donde ya estaban apagados, te hacía volver a creer, escuchar justo lo que querías oír y despertar las ganas de volverse a enamorar.

Así de encantadora
      así es ella,
            que salía de las ruinas
                y se amaba como ninguna.

CAPÍTULO IV
SIRENA INOLVIDABLE

HA VUELTO

Ella quería desaparecer,
se aisló del mundo,
deseaba irse.

Pero no…

La soledad le sonrío
y entre tanto desastre
terminó por encontrarse.

UNA EN UN MILLÓN

Podrás tener a quien desees,
pero después de ella
ya no volverán a dibujarte
esa sonrisa tan intensa.

Ella es una en un millón
y perdiste al dejarla ir.

Cuando comienzas a superar a esa persona o has logrado olvidarla por completo, es cuando por alguna extraña razón vuelve a tu vida. Quizá buscando una nueva oportunidad al darse cuenta que eres lo mejor que le ha pasado o para arruinarte nuevamente al saber que volvías a sonreír.

Es cuestión de cada quien tomar una decisión y elegir si volver a tropezar con la misma piedra o simplemente ignorar y seguir adelante. Es cuestión de entender que si han vuelto es porque diste lo mejor de ti, que extrañan eso, esa explosión de sentimientos que activaste con tus encantos, detalles, caricias y palabra.

Habían escapado para explorar nuevos horizontes, teniendo a quien deseaban, experimentando con varios cuerpos, pero niña, después de ti te aseguro que ya nadie volverá a dibujar esa sonrisa tan intensa en su rostro, *es que tú eres una en un millón,* inigualable, irremplazable e inolvidable.

Perdieron, y perdieron demasiado al dejarte ir.

SIN VENDAS EN LOS OJOS

Ella se cansó de falsas promesas,
de las miradas brillosas
que juran decir la verdad,
de las palabras que solo son inventadas.

Aprendió a vivir
en este mundo de mentiras...

Ahora solo cree en acciones
y en el interés que le demuestren.

Sirena era feliz viviendo sin la venda en sus ojos, ya no creía en las canciones que le dedicaban ni mucho menos en las lágrimas falsas que le suplicaban un perdón.

No aceptaba los besos que solo trataban de convencerla, se cansó de las promesas incumplidas, de las miradas brillosas que juran decir la verdad cuando realmente esconden demasiado.

Se cansó de las palabras inventadas, estaba dándose cuenta de la realidad en la que vivía, en un mundo donde la paz se había ido desde tiempo atrás, la violencia reventaba en su punto más alto que ya ni salir de casa era seguro, donde los asesinatos cada vez iban en aumento, mientras que a los políticos solo les interesaba el dinero, dejando la seguridad y el bienestar por un lado.

En un mundo donde una locura sin sentido lograba generar más dinero que un doctor salvando vidas. Ella estaba convencida de que aquí solo era un mundo de mentiras, así que ahora *cree solamente en acciones y en el interés* que le demuestren.

INDESTRUCTIBLE

La vida le mandó mil batallas,
ella le demostró que puede con mil
y un guerras más.

Se jodió a la vida
y escribió su propio destino.

Sirena ya había sufrido un par de despedidas, sentía culpa de no haber hecho nada al respecto, pensaba que su orgullo acabaría con ella, que no encontraría a nadie en el futuro. La vida comenzaba a demostrárselo cuando conocía nuevamente a alguien, pero nada funcionaba.

Por otro lado, los problemas familiares seguían, quería escapar de casa, alejarse de los gritos, los regaños, los reclamos, las cenas que nunca terminaban en paz, irse lejos para volver a comenzar.

La escuela era insoportable, en tiempos de pandemia donde trabajaba desde casa, tener responsabilidades nunca había sido tan complicado, extrañaba tanto a la niña de hace unos años.

Las tareas la estresaban, pasaba horas en desvelo tratando de terminar ese ensayo que al final no resultaba como esperaba y una buena calificación apenas se asomaba.

Tantas batallas y caídas soportó, que ella nunca se rindió, demostrando que podía con mil guerras más:

Se estaba jodiendo a la vida
y escribiendo su propio destino.

VOLVÍ A ENCONTRARME

No eras tú,
era yo
que no podía aceptar
que ya no estarías,
parte del proceso era enfrentarlo,
ya no te busqué
y así…

fue como me encontré.

Siempre me cuestioné las decisiones que tomaste para alejarte de mi vida, te culpé muchas veces por lo mal que llegué a sentirme por varias noches. El alcohol no siempre fue suficiente para tratar de olvidarte, porque al escuchar de nuevo tu voz o simplemente mirarte a lo lejos volvías a derrumbar todo lo que había construido en el tiempo que no te cruzaste por mi camino.

Llegué hasta a maldecir el momento en que te conocí, deseándote tristezas y olvidos, que incluso tu belleza desapareciera para que nunca nadie más vuelva a fijarse en ti.

Estaba en una etapa de venganza y desprecio, sin darme cuenta que tú no eras la culpable de nada, siempre fui yo, que no podía aceptar las cosas, que no lograba despedirme, que pensaba que regresarías cuando eso ya no pasaría.

Y sí, esos malos deseos y los pensamientos que ya llegaban al borde de la locura eran parte del proceso, porque una vez que lo enfrenté, ya no volví a buscarte.

Y ese fue el secreto para volver a encontrarme.

Amar(te) es

Amar(te) es besarte y correr bajo la lluvia.

Amar(te) es cuidarte y abrazarte en cada instante.

Amar(te) es caminar de la mano sin pensar en soltarte.

Amar(te) es admirarte en todo momento.

Amar(te) es guardar para siempre en mi mente esos momentos que pasamos juntos.

Amar(te) es repetirte día y noche lo mucho que te quiero.

Amar(te) es todo esto que siento y que no había sentido antes.

Un sentimiento que solo tú has causado.

Por eso te amo y *quiero amar(te)* eternamente.

ENAMÓRATE DE TI MISMA

Antes de amar a otra persona debes empezar con *enamorarte de ti misma*: Date un baño, colócate esa mascarilla y toma un trago.

Admira tu cuerpo, es una obra de arte, debes aceptarte tal y como eres. Vístete con la ropa más cómoda que encuentres o maquíllate, arréglate y ponte bonita para admirarte. Duerme todo lo que desees, recarga energías y vuelve a empezar, ya habrá tiempo para alguien más.

Y cuando lo logres, celébralo, celébralo como nunca, porque ya nadie podrá hacerte daño, porque cada día es un nuevo comienzo y cuando te quieras tanto, tendrás la oportunidad de volverte a enamorar.

DIABLA

Ella es dueña del infierno,
se acostumbró al calor del caos
y se hizo fan de los desastres.

Nunca intentes traicionarla,
está cansada de tantos juegos
y *no te aconsejo* jugar con fuego.

Como un ángel caído del cielo, Sirena conquistaba cada rincón del infierno, pues ya nada importaba para ella, excepto su propia felicidad.

No le dolía perder amistades falsas, descubrir impostores, batear a bastardos que solo buscaban lastimarla, alejarse de quienes ya no le aportaban.

Se acostumbró al calor del caos, a los vientos fuertes de los huracanes, a la lluvia fría de las tormentas y a los destrozos de los tornados. Ya era fan de los desastres, disfrutaba descubrir la verdad entre tantas mentiras, sonreía como muestra de victoria y continuaba sin rencores.

Era capaz de cuestionar y cambiar las teorías que parecían ya tener comprobación, con el poder de una mirada, ilusionaba y se marchaba, sin sentir lástima al respecto.

Es que ya había pasado por tanto, como una espada forjada después de la batalla, como un escudo que detenía las balas, estaba cansada de tantos juegos, tan peligrosa, ardiendo en llamas, *que no te aconsejo jugar con fuego.*

VALIENTE

Muchos la consideran
una mujer fuerte por ganar
todas las batallas.

Yo le agregaría **valiente**,
porque ha soportado cada una de ellas.

Siempre que conozco o tengo la oportunidad de platicar con una persona que haya convivido con Sirena en el pasado, lo primero que le pregunto es: ¿Cómo la consideras?

Se hablan maravillas de ella, pero la mayoría siempre tiene la misma respuesta: "Una mujer fuerte".

Porque todos en el pueblo sabían las inmensas batallas por las que había pasado, desde que era una pequeña cuando la vieron llorar en aquel callejón donde encontró sin vida a su mejor amigo, desde que la jovencita llegaba corriendo a casa decepcionada por su primer fracaso, desde que esa mujer se paseaba por los locales del mercado sonriendo de la mano con el amor de su vida, hasta cuando visitaba los bares para olvidarse de las traiciones que le habían dejado.

Muchos vieron los procesos por los que atravesó, pero nadie se atrevió a regalarle un abrazo de consuelo, sin duda *fue demasiado valiente*, porque nunca se dio por vencida y por haber soportado cada adversidad.

LO SIENTO

Sí te quiero,
pero me quiero más a mí.

Y no iba a perderme
por intentar salvarte
de donde no quieres salir...

...lo siento.

Y es que cariño te juro que sí te quiero, en serio lo siento.

Tengo esas sensaciones de mariposas volando en el vientre, un gran nerviosismo al verte, me haces temblar con tan solo tocarme, me emocionas al hablarme y créeme que podría estar contigo en todo momento, siempre que me necesites.

Que podría pasar la noche en vela a tu lado observando las estrellas, una serie en Netflix o haciendo el amor por todo el cuarto y por la mañana llevarte el desayuno hasta tu cama, tomar el café juntos para después volver a entregarnos, en la sala, la cocina, en la ducha o en las escaleras, donde te parezca más placentero y donde pueda saciar tus ganas, yo podría hacerlo todo: consentirte, abrazarte, consolarte, cuidarte y protegerte.

Excepto perderme por intentar salvarte, porque quiero que sepas que me amo más a mí y no puedo morir tratando de rescatarte del lugar de donde no quieres salir...

Lo siento.

RENACIMIENTO

Y yo que pensaba
que sin ti
la vida no tenía sentido…

Me equivoqué,
la vida sigue
y sin ti
comencé a vivirla.

En esos días de depresión cuando pensaba que sin ti la vida no tenía sentido, era difícil tratar de aceptar que ya no regresarías, estaba dispuesto a regresar a lo mismo de siempre tan solo por verte volver.

Como aquellas tardes de frío, lluvia o intenso calor cuando te esperaba por minutos, unas cuántas veces fueron horas, sin decir o reclamar nada. Cuando sabías que te esperaba para salir a pasear, tomar un café o ir por la cena, pero las cosas se salían de control y a los pocos minutos ya estabas de vuelta en tu casa.

No me importaba volver a sentir esa impotencia de tenerte enojada por cosas sin sentido, aceptar las prohibiciones de las salidas con los amigos, todos esos momentos perdidos con tal de estar contigo, los viajes del trabajo, la gente que evitaba conocer, los detalles que no valorabas, la poesía que nunca leías, lo aceptaba otra vez.

Pero no, estaba equivocado, porque con el tiempo logré darme cuenta que estaba mejor así, sin ti. Porque *comencé realmente a vivir*, con la libertad que me hacía falta y que tanto extrañaba.

NIÑA DE OJITOS TRISTES

Y si vieran
detrás de su mirada,
todas las guerras
que ha soportado...

Entenderían
que *esos ojitos*
no siempre
llevan buenos
recuerdos.

AMOR A LA ANTIGUA

Hace falta un amor a la antigua, de aquellos en donde el respeto abunda y el cariño sobra, en donde te lleven flores, chocolates y te escriban poesía. De esos amores románticos donde cada día te sorprenden con algo nuevo, en donde la sinceridad es la clave para perdurar y los besos se vuelven imposibles de olvidar, de aquellos en donde se mira el atardecer tomados de la mano o bailando despacio por las calles.

Un amor a la antigua, en donde te canten al oído, te escriban cartas y te cuenten historias, correr bajo la lluvia o cubrirte del frío, dándote el calor del alma y esa calma que te hace falta.

Un amor de llamadas que nunca terminan, aventuras llenas de pasión y adrenalina, con palabras bonitas, un café y una cita en la banqueta, pasar aquellas noches que nunca terminan.

Un amor que te demuestre lo que es querer de verdad y te enseñe a amar, de la manera más bonita:

A la antigua.

TE QUISE SIEMPRE

Te quise siempre...

Incluso en mis peores días,
cuando *más* necesitaba de ti
y cuando **menos** estabas para mí.

No mentía, te quise siempre, incluso cuando estaba de malas, sin ganas de nada, cuando el hambre desaparecía y lo único que quería era seguir en la cama durmiendo, perderme entre un reggae y fumando un porro.

Te quería durante esos viajes de donde ya no quería regresar, incluso estando en otros mundos yo también te quería, cuando el colegio me mataba y me llenaba de presiones con tantos trabajos o cuando se acercaban los días que me hacían recordar a las personas que amaba con el alma, pero ya no estaban.

Te quería cuando por las tardes fracasaba y perdía en el partido que tanto me importaba, cuando llegaba cansado del trabajo o al despertar con sueño después de un gran desvelo, al no conseguir mis propósitos o alcanzar mis sueños.

Te quería cuando ni yo mismo lo hacía, en esos momentos cuando más necesitaba de ti, pero no aparecías. Ahí también te quise, cuando me dolías, *cuando menos estabas para mí.*

SIRENA

Desde que aprendiste
a quererte
eres más peligrosa
que cualquier desastre.

No existe huracán
que se atreva a llevar **tu nombre**.

Hay algo en ella que cambió desde que aprendió a quererse, ya no hay llamadas a las 3 de la mañana extrañando o suplicando un regreso, encontró un equilibrio entre la paz y la felicidad con su propio ser, estaba conectada con su espíritu.

Entre los árboles, las flores y los girasoles disfrutaba más que estando en aglomeraciones, era más lindo pasar una tarde en casa con la familia que estar disfrutando del alcohol.

Su vida había dado un giro inesperado, perseguía sus metas hasta llegar a cumplirlas, la carrera era larga, pero no bajaba los brazos y seguía. Bailaba bajo la lluvia, disfrutando cuando las gotas recorrían sus mejillas, con la satisfacción de saber que esta vez no eran lágrimas.

Amaba la primavera cuando nacen las flores, ese olor a polen que las abejitas dejaban al recorrer por el campo. Se refrescaba durante el verano, visitando los lagos y ríos que la hacían sentirse tan llena de energía. Veía las hojas caer en otoño mientras escribía poesía, hasta llegar a su invierno favorito.

Fue un año de tanto aprendizaje que ya era más peligrosa que cualquier desastre...

No existirá huracán que se atreva a llevar su nombre.

UN CUENTO CON FINAL DISTINTO

Cuando la princesa se cansó
de esperar al príncipe,
escapó de la torre,
forjó su propia espada,
mató al dragón
y construyó su propio castillo.

No necesita de nadie para ser reina.

Este es un cuento diferente, aquí el príncipe no llegó para rescatar a la princesa que estaba atrapada en la torre rodeada de muchos peligros. Quizá estaba ocupado haciendo otras cosas, como en la realidad: conociendo a otras princesas y alargando su llegada con nuevas aventuras, buscando peligros en otros sitios, sin tener bien claro la decisión de ir por su amada.

Esos son los errores que muchos cometen al confundir el placer con el amor verdadero, una aventura nunca podrá reemplazar a toda una vida con la persona que realmente te ama. Errores que se pagan muy caro, porque en su mente llevaba la idea de que la princesa esperaría el tiempo que fuese necesario hasta que el príncipe llegara.

Pero no, ella solita escapó de la torre, cansada de esperar forjó su propia espada con los restos de caricias de caballeros antiguos que intentaron llegar hasta ella, pero fracasaron. Tan valiente que mató al dragón y construyó su propio castillo, gobernando solita, ya sabía que *no necesitaba de nadie* para convertirse en reina.

AL LÍMITE DE LA LOCURA

Fuiste ese amor
que dolerá toda la vida,
pero tarde o temprano tenía que terminar:

Estaba entre escapar de tus brazos
o morir en el intento
de volver a enamorarte.

Terminé por elegirme,
decidí salvarme.

Fuiste ese amor que no se olvida ni en otra vida, que te rasga el pecho cada que mencionan tu nombre, cuando incluso hasta en un suspiro se puede apreciar tu rostro. Ese amor que tardó mucho para poder ser superado, que pensaba nunca se marcharía con todo ese amor que te ofrecía, a pesar de que sabía que no encontrarías a nadie que me pudiera igualar, que siempre tendría ese derecho de antigüedad y que tarde o temprano regresarías.

Me acostumbré tanto a ti que conocía cada uno de tus gestos, había algo entre nosotros, algo increíble que nadie iba a poder borrar. Pero de pronto cambiaste de la nada, te estaban robando de mí, hasta que ya no pude hacer nada. Había perdido, habías cambiado en cada sentido, caricias frías y palabras cortantes.

Entonces tuve que elegir entre dos opciones: escapar de tus brazos o morir en el intento de volver a enamorarte: Terminé escapando por mi propia voluntad y elegirme, *decidí salvarme*, justo cuando ya estaba al límite de la locura.

YA NO ES LA MISMA DE ANTES

La vida la ha forjado,
ella ya no va por la ciudad
buscando amor,
ahora solo busca
en su interior…

tratando de encontrar
su mejor versión.

SIN MIEDO A VOLVER A ENAMORARTE

No tengas miedo de volver a experimentar esos sentimientos que tanto dolor causaron en el pasado. Porque de eso se trata la vida, de volver a intentarlo, con todo el temor del mundo, pero arriesgándose a vivirlo y que esta vez sea sin importar nada.

Deja atrás los estereotipos, créeme que hay personas que pueden quererte de la mejor manera, tal y como lo mereces. Que pasen momentos que se queden siempre, que se marquen en el corazón, instantes que se disfrutan cuando vuelves a creer en el amor y que hasta una simple charla sea especial, que su sonrisa y sus palabras se queden guardadas, que te desnude la mente y te haga el amor con una mirada.

Volver a recuperar esa seguridad de tener a quien puede abrazarte por las noches, llenarte de besos y caricias por los días, que vuelvas a sentir esa adrenalina, esa pasión, romance, y la gran diferencia que existe entre el sexo y el amor. *¡No tengas miedo, vuelve a intentarlo!*, qué más da si vuelves a fracasar, porque al final también sirve de experiencia.

Solo inténtalo, no tengas miedo de volver a enamorarte.

¿Y si esta vez es la persona correcta?

ACEPTACIÓN

Y cuando le dijeron adiós,
lloró un poco,
después lo aceptó.

No se iba a quedar en el suelo,
limpió sus lágrimas
aceptando su destino...

Ahora ve lo fuerte que es
y gracias a esas traiciones
es *más perfecta* que nunca.

Después de esa despedida ella lloró un poco, se arrepintió por haberse entregado en cuerpo y alma y, aun así, no haber sido suficiente para poder tener esa compañía que amaba para siempre.

Fue difícil, sí, pero creo que nada en este mundo es imposible, por lo que fue levantándose de a poco, con esos versos de motivación que leía por Instagram o los mensajes positivos que recibía de sus amigos, de las palabras de aliento que su madre le regalaba.

Fue muy duro olvidarse de las rutinas que compartía con aquel chico que a cada segundo la tenía a su lado, se acostumbró tanto a la calidez de sus besos que sus labios comenzaron a secarse y su corazón ya no palpitaba con la misma intensidad que antes.

Pero Sirena no se iba a quedar en el suelo, lo aceptó, pese a las muestras de rendición que durante el proceso mostró, siguió con su destino, *se volvió tan fuerte gracias a esas traiciones* que ya no le faltaba nada, era la mujer perfecta en los ojos correctos.

SIN CAMBIOS

Sonríe,
llora,
ama,
disfruta,
aléjate…

pero nunca dejes de ser quien eres
y nunca permitas
que nadie te cambie.

Sonríe niña, que no te importe que esas carcajadas se escuchen hasta el otro lado de la ciudad, me encanta cuando lo haces, ver esa risa que llega hasta tus mejillas formando dos comillas que se acoplan perfecto con lo rasgado de tus ojitos, con esas largas pestañas que no necesitan estética para poder deslumbrar. El rojito de tus cachetes me recuerda a los atardeceres que veíamos juntos.

Ama, con toda la intensidad que puedas, qué importa si te rompen el corazón, los fracasos también sirven para crecer, te alimentan de experiencia para esos errores ya no volver a cometer.

Llora, derrama un río entero de lágrimas para expulsar esas penas que albergan, disfruta de la vida, ve a esas citas de las que estás dudando, conoce a ese chico que te gusta desde el primer momento en que lo viste en aquella fiesta.

Y aléjate de quienes solo te buscan para malas intenciones, no van a traer nada bueno, haz todo lo que te plazca, pero nunca dejes de ser quien eres, eso te hace diferente, la esencia que llevas de Sirena, *nunca permitas que nadie te cambie.*

LO APRENDÍ DE TI

Me enseñaste a ser fuerte
con tu partida.

Lloré,
suplicando tu regreso.

Jamás volviste,
pero no fue tan malo,
me preparaste para enfrentar la vida,
aprendí a *valorar* a quien se queda
y a desearle buena suerte a quien se va.

Me preparaste para enfrentar las complicaciones de la vida, a ser fuerte para aguantar las ganas de llorar, tragarme los gritos que me causa la ansiedad, ya no tener ese nudo en la garganta al momento de cantar nuestra canción, a escribir sin la necesidad de que tú seas el tema principal, a imaginar sin visualizarte en el futuro, a volver a recordar sin extrañar.

Me costó demasiado, muchas suplicas y torturas por verte volver, pero no fue tan malo después de todo. Ahora puedo decirte que me ayudaste a perfeccionar mis defectos, a saber mostrar mis sentimientos cuando es el momento exacto, ya no antes y ya no después para no lastimar y ser lastimado.

A decir las cosas claras y hablar con sinceridad, así las consecuencias no serían del todo desastrosas sin importar si al final se alejaban, me tranquilizaba el hecho de tener a quienes sabía y me sabían valorar, y desearle buena suerte a los que se van.

Te doy las gracias, *porque todo esto lo aprendí de ti.*

CHICA RESILIENTE

Porque a pesar de sus fracasos
y caídas,
sigue siendo la misma *chica resiliente*,
que sonríe,
que vive,
que perdona
y ante todo...

continúa.

Tan resiliente que podía con cualquier adversidad, que a pesar de sus fracasos y caídas seguía siendo ella, volaba sin miedo a que le cortaran las alas, tenía un equilibrio perfecto entre su tristeza y los sentimientos, activaba anticuerpos capaces de borrar las flechas que iban directo a su corazón, llevaba la música en su sangre, su mayor pasión.

Cantar esas canciones sin necesidad de tener la pista de fondo, su mágica voz que me atraía, su escandalosa risa era contagiosa, el perfume que se respiraba en su cuerpo se volvía con el tiempo adictivo, esperaba tan valientemente los resultados de sus acciones, con tanta resistencia seguía, con ese mismo compromiso como cuando partió lejos de casa.

Los malos ratos pasaban desapercibidos porque aceptaba que la vida también es difícil, con tantos errores, las soluciones salían creativamente de su increíble mente. Pero, sobre todo, *sabía perdonar, soltar y dejar ir*, para continuar con su destino.

CUÍDATE DE ELLA

Porque ya no es la misma
de antes,
aprendió a superar sus miedos...

Y no tienes idea
de lo mucho
que se quiere ahora.

SIN COMPAÑÍA

No te atormentes,
también eres bonita estando sola.

No hace falta compañía
donde todo es paz y armonía.

A veces solo con tenerte es más que suficiente,
tú misma puedes darte ese cariño
y los abrazos que tanto te hacen falta.

No busques a una persona
que puede ser la incorrecta,
deja que el destino se la juegue a tu favor
y cuando menos te lo esperes,
llegará a tu vida.

Cuando ya tengas esa estabilidad emocional
que tanto deseabas,
cuando hayas madurado lo suficiente
para entender cómo funciona una relación,
cuando todo lo que puedas
y te puedan ofrecer sea mutuo.

Entonces niña,
te aseguro que ahí es
y ahí será,
siempre.

AMOR PROPIO

Se quería tanto que ya no se dejaba
y donde no la querían,
no insistía…

y se marchaba.

Sirena se quería con el alma, con cada una de sus perfectas imperfecciones, con esas pecas en la nariz, los granitos que en el rostro le salían, con sus estrías que reflejaban un océano entero, con sus misteriosos lunares donde se podían observar constelaciones nunca antes descubiertas.

Vida en su mirada, con ese par de universos que trasmitía esperanza de un nuevo comienzo, con sus marcas y cicatrices que cosechó durante los años, con esos kilitos de más que antes la hacían sentirse insegura al grado de ni siquiera voltear a verse en el espejo.

Ahora disfrutaba de la comida sin ninguna culpa, amaba su cuerpo, el color de su piel y lo grueso de sus labios, se amaba con el pelo corto o con el tinte, vivía con un solo objetivo, querer y ser querida, pero bien, donde supieran ver más allá que su hermoso físico, donde las palabras fueran sinceras y las acciones verdaderas, donde todo fuera mutuo, porque si no era así, no insistía, simplemente daba media vuelta...

Y se marchaba.

INOLVIDABLE

Ella lleva una sutil
y loca manera de amar,
se entrega tanto
que se vuelve *inolvidable...*

Es aquella chica
que ni en mil vidas podrás reemplazar.

Ella es aquella chica que cuando se enamora lo entrega todo, con una sutil y loca manera de amar, ofrece amistad, sinceridad y eternidad, un amor tan imborrable. No espera mucho, tan solo un cariño verdadero que pueda entenderla, que la acaricie mil quinientas veces al día, que pueda dedicarle el tiempo que se merece.

Ella en cambio sabe cómo enamorar, con esos besos que siempre desee probar, los abrazos que abrigan, con sus caricias que se vuelven adictivas. La entrega que tiene se resume en un amor a la antigua, el vino se puede saborear en su piel, su pelo que cura cualquier herida al ser acariciado.

Tenerla era un completo placer, con tan solo mirarla te convertías en poeta, al tener tanta inspiración de frente. Los artistas nacen de sus palabras, *es irremplazable, inolvidable* en cualquiera que la llegase a conocer, juré buscarla en mil vidas y en ninguna he logrado volverla a ver.

YA SE ACABÓ

Hiciste bien en alejarte,
porque de eso también
se trata el amor:

De saber reconocer que ya no,
que por más que se intente
ya nada será como antes
y es necesario aceptar que...

Ya se acabó.

QUÉ DICHA CONOCERTE

Qué dicha aquella noche cuando te conocí, podría jurar que ya no esperaba a nadie y que en todos estos años no había llegado un alma que realmente pudiera sentir.

Mira que la vida puede darte muchas sorpresas y cuando menos lo esperaba, llegaste. No sé si para quedarte, pero al menos sé que sí para conocerte, porque realmente puedo decirte que no quiero que seas un instante.

Quiero conocer todo lo que llevas dentro, que algún día puedas contarme todas y cada una de tus penas, quiero tener la dicha de extrañarte, como ahora que no estás y que tú también puedas sentirlo, ver más allá de lo que esconden tus ojos, convertirte en todo lo que mi poesía ha buscado, una musa que pueda deslumbrar su máximo potencial y te escriba poemas nunca antes vistos, que sean solo para ti, que puedas atesorarlos en el rincón de mis recuerdos y que lleves su perfume a todos lados.

Qué dicha conocerte,
aunque mañana puedas irte:

yo prometo ya nunca olvidarte.

SIN TI

Te extrañaba tanto que
me dio por salir corriendo a buscarte
y pedirte una segunda oportunidad.

Poco después me detuve,
di media vuelta
y regresé a casa.

En ese instante pasaron
tantas cosas por mi mente:

Recordé que después de haberme
esforzado y entregado
hasta lo que no tenía,
nada fue suficiente y que el final,
no había sido mi culpa.

Entonces lo entendí,
no eras tú,
era yo...

Que debía darme una primera
oportunidad para poder continuar,
esta vez,
sin ti.

SIRENA INOLVIDABLE

"...tan difícil de encontrar, imposible de olvidar", como aquel concierto que nunca vas a olvidar, el primer triunfo que cosechaste en la vida, ese gol al 90 que anotaste cuando tu equipo perdía o ese personaje que ganaste en la ruleta de tu juego favorito cuando solo tenías un 2% de probabilidades.

Esa rifa o sorteo que te hizo sentir especial, como ese cometa que solo tú observaste cuando juraste haberlo visto y nadie te creía, esa silueta que se te cruzó mientras paseabas por las cabañas del pueblo, esa inspiración y buena suerte que lograste desde que Puck y Taliesín llegaron a tu vida, esas amistades que sabes nunca van a fallarte, que estarán siempre que los necesites.

O como esa persona que comienza a llenar tus ilusiones después de que pensabas ya no volver a enamorarte, las canciones que te dedica y las emociones que genera, lo difícil que fue encontrarla entre 7.594 miles de millones de almas que habitan en este jodido mundo, fue como encontrar una aguja en un pajar, así de complicado será volver a coincidir con otra Sirena, inolvidable será en quienes lograron perderse entre sus encantos, entre sus sueños y en cada uno de sus misterios.

Así de inolvidable,
            así es ella,
                    que se quedó marcada
                            para volverse inmortal.

Epílogo

"Todas hemos sido Sirena alguna vez"

Soy de las personas que cuando comienza a leer un libro, si no logra conectar con él, no puede terminar de leerlo. *"Ella, con encantos de Sirena"*, me tuvo atrapada desde el primer hasta el último poema, me sentí tan identificada con cada verso que podría jurar, que yo era la protagonista.

Amé la ternura y la pasión con la que el autor habla de Sirena, y estoy segura que cualquier chica que lea este poemario sentirá el deseo de encontrar a alguien que la ame como el autor ama a su musa.

Sirena es una chica como tú y como yo, con un pasado que a veces pesa demasiado, con un millón de cualidades que siente invisibles ante el mundo, con cientos de errores y recuerdos que por las noches alimentan el insomnio. Ella es mitad ángel, mitad demonio, tan de carne y hueso como las lágrimas que correrán por tus mejillas al encontrarte en su piel, en el dolor de sus huesos.

Rara, miedosa, auténtica, bondadosa, única, con gustos poco convencionales y con un corazón puro que se lanza de lleno al abismo del amor para luego darse cuenta, entre besos y decepciones, que no todas las palabras lindas se vuelven hechos, caricias tangibles de lo eterno.

Todas hemos sido Sirena alguna vez, deseando que alguien sepa leernos la mirada más allá de la sonrisa que llevamos, alguien que realmente nos descubra, que nos vea como una obra de arte, alguien que nos piense, nos desee y nos ame sin importar el paso de los años, alguien que sueñe con volver una y otra vez a conquistarnos, un amor genuino, que nos motive, que nos aleje del daño.

Es imposible salir ileso de este libro, sin reconocerse en alguna parte de esta historia, una en la que el olvido besa el pasado y el amor propio pone escudo a los golpes de la vida.

Otro detalle que debo destacar del libro, es que Sirena es el gran amor del personaje principal del otro libro del autor, "12 Maneras de amar(te)", y próximamente tendremos una novela donde la poesía se sumergirá en la fantasía y la ficción, una donde viajar en el tiempo no es ningún impedimento cuando de amor se trata. Sin dudas, Jairo, romperá todos los esquemas de las palabras para que de alguna manera u otra te encuentres en sus páginas.

Jessica González
@jessicagonzalezescritora
Balneario Bs As. Uruguay
15 de Enero del 2021

AGRADECIMIENTOS

A mis padres por regalarme la vida, por enseñarme a respetar a las personas, por demostrarme la humildad, a mis abuelos, a mis hermanos, tíos, primos, amigos y amigas, porque siempre confiaron en mí, siempre apoyándome en todo momento.

A Jessica González y Ana Suárez por ayudarme e impregnar su magia con los complementos del libro: Prólogo y Epílogo, eternamente agradecido con ellas.

Y a todas las personas que lean esta obra, esperando que puedan identificarse con mis letras y encuentren un poco de consuelo, por estar cada día leyéndome en las redes sociales, por confiar y por acompañarme en este viaje.

BIOGRAFÍA DEL AUTOR:

Jairo Rogelio Carrera Guerrero
(Huautla de Jiménez, Oaxaca, México. Agosto de 1996)
Ingeniero en Mecatrónica, autor de los libros: "12 Maneras
de Amar(te)" (Alcorce Ediciones 2020), "Ella, con encantos
de Sirena" (Shikoba Ediciones 2021), "SANANDO
HERIDAS: Mientras Rompo en Llanto" y "SANANDO
HERIDAS: Mientras Despido tus Recuerdos".
Coautor de: "Tierra de Latidos: Antología de nueva poesía
Latinoamericana" (Alcorce Ediciones 2021).
Sus textos siguen recorriendo el mundo generando un gran
impacto a través de redes sociales mientras sigue trabajando
en sus próximos proyectos.
Es autor independiente, sin embargo, sus libros también han
sido publicados por editoriales de gran prestigio abarcando
las bibliotecas más importantes del mundo.

OTROS TÍTULOS DEL AUTOR QUE TE GUSTARÁN:

12 MANERAS DE AMAR(TE)

"Amar, en su máxima expresión, de todas las formas y maneras en las que tu recuerdo me revive. No suelo preguntarle al mundo lo mucho que me cuestas, pero salgo en busca del amor en cada pendiente, en cada instante, en cada estación".

En la vida siempre logras cruzarte con varios tipos de amores, 12 son suficientes para conocer cada etapa de la vida y cumplir con el destino. Los recuerdos se encuentran perdidos en el olvido y la incondicional espera para volver a ser recordada.

¡Vivamos la aventura!

12 MANERAS DE AMAR(TE)

Jairo Guerrero

Nueva Edición

SANANDO HERIDAS:
MIENTRAS ROMPO EN LLANTO

Todo el mundo dice que es fácil olvidar, que es tan sencillo soltar, pero se equivocan, porque cuando se quiere de verdad decir adiós cuesta bastante. Siempre que se intenta se vuelve a lo mismo, "recordar lo felices que alguna vez fuimos". Sientes que la vida se acaba, que te has quedado siendo solo un esqueleto que deambula por las calles lleno de heridas. *"Sanando Heridas Mientras Rompo en Llanto"* es un libro para todo aquel que se encuentra en el proceso, después de recibir una despedida o experimentar las decepciones. Vas a adentrarte en el mundo de la resiliencia, encontrarte contigo mismo, con un toque nostálgico que de a poco te irá sanando, pero también te estará rompiendo en llanto.

Un libro sin géneros, libre de desnudar cada página para hacerte sentir cada vez menos roto, con cada verso ir buscando el respiro y encontrar las puertas de aquel laberinto del que no puedes salir.

¿Te arriesgas a vivirlo?

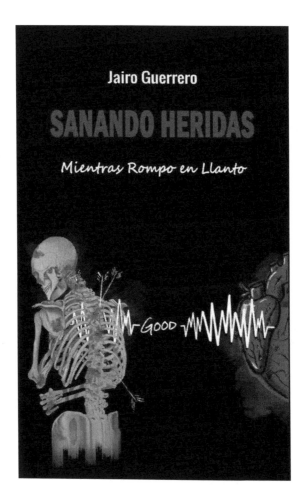

SANANDO HERIDAS:
MIENTRAS DESPIDO TUS RECUERDOS

La vida está llena de heridas, de esas que te hacen romper en llanto para después forjarte en una nueva persona. Quizá el proceso no es sencillo, pero cada día es un nuevo comienzo para despedirse de las penas y dejar atrás esa esperanza. Porque, a decir verdad, uno espera algo que ya no volverá.

"Sanando Heridas: Mientras Despido tus Recuerdos" es el siguiente paso, después de pasar noches en vela y derramar mil lágrimas, también es necesario soltar y decir adiós para empezar de nuevo. Despedirse de los recuerdos es complicado, pero necesario para poder seguir con tu vida.

¿Te arriesgas a vivirlo?

Jairo Guerrero

SANANDO HERIDAS

Mientras Despido tus Recuerdos

ÍNDICE

·

Made in the USA
Columbia, SC
18 February 2025

54036493R10130